테마별 *부동산* 재테크

테마별 부동산 재테크

초판 1쇄 인쇄 · 2008년 6월 9일
초판 2쇄 발행 · 2008년 9월 20일

지은이 조재길 | **펴낸이** 백운철 | **펴낸곳** 북플래너
편집 이병란 | **디자인** Freeism | **영업 마케팅** 이용호 | **관리** 황현주

등록번호 제21 - 493호 | **등록일자** 1993년 10월 6일
주소 서울시 서초구 서초3동 1550-6번지 태림빌딩 6층(137-873)
전화 (02)3472-2040 | **팩스** (02)3472-2041 | **이메일** dongdowon@paran.com
ISBN 978-89-91028-18-0(03320)
ⓒ 조재길 2008, Printed in Korea

테마별 부동산 재테크

조재길(한국경제신문기자) 지음

Book Planner

Contents

부동산 투자자를 위한 희망가

"손쉽게 집장만하면서 돈까지 벌 수 있는 방법이 없을까요?"
"신규 분양을 받는 게 제일 좋지요."
"해봤자 뭘 해요. 당첨이 돼야 말이지."

얼마 전 지인과 오간 대화입니다. 그래서 물었습니다.

"청약은 얼마나 자주 했나요?"

그는 지금까지 2~3차례 청약 신청을 냈다 떨어졌다고 했습니
다. 관심은 있지만 구체적인 노력이 부족한 전형적인 케이스입니

다. 청약가점제 때문에 △부양가족수가 적거나 △무주택기간이 짧거나 △통장 가입기간이 짧으면 당첨 확률이 이전보다 훨씬 낮아진 게 사실입니다. 하지만 여전히 중소형 아파트의 25%, 중대형 아파트의 절반은 '확률 싸움' 입니다. 1순위 청약통장을 갖고 있는 사람들끼리 추첨 경쟁을 벌여 당락이 결정되는 셈이지요.

서울을 포함한 수도권에서 '투자가치가 있는' 신규분양 단지는 매달 4~5곳씩 나오고 있습니다. 평균 경쟁률을 단순하게 10대 1로만 계산해도 2~3개월마다 한 곳 정도 당첨될 수 있다는 이야기입니다. 관건은 이 같은 투자가치가 있는 주택을 찾아내는 '안목'과 포기하지 않고 계속 청약을 넣는 '끈기' 가 되겠지요.

좀 다른 얘기를 해볼까요? 정년 퇴직을 1년 앞둔 50대 A씨는 목돈을 땅에 투자하고 싶었습니다. 땅이 많으면 안 먹어도 배가 부를 것 같다나요? 주변에서 땅으로 돈을 벌었다는 사람도 적지 않았습니다. 하지만 그는 퇴직 후 고정적인 수입이 필요한 처지였지요.

그에게 추천할 수 있는 부동산은 땅이 아니라 상가입니다. 토지의 경우 부재지주(현지에 거주하지 않으면서 소유권만 갖고 있는 사람)에 대한 양도세가 대폭 강화되었습니다. 차익을 남겨봐야 60%를 세금으로 내야 합니다. 장기보유에 대한 특별공제 혜택도 없습니다. 보유세는 해마다 늘어납니다. 무엇보다 은퇴자들이 필요로 하는 고정 생활비를 얻거나, 쉽게 현금화하기가 어렵지요.

하지만 상가의 경우는 다릅니다. 매매에 제한이 없습니다. 되팔기가 상대적으로 쉽다는 의미입니다. 매달 고정수입(임대료)을 얻을 수 있습니다. 도시지역에 있어 관리하기가 쉬운 점도 매력입니다.

다만 모든 상가가 그렇다는 것은 아닙니다. 상가도 천차만별입니다. △단지내 상가 △근린상가 △테마상가 △주상복합상가 등 종류가 한둘이 아닙니다. 투자 접근법이 세분화돼야 하는 이유입니다.

사람들은 돈을 벌고 싶어 합니다. 대개 부동산에도 관심을 갖고 있지요. 하지만 안타깝게도 '귀동냥'에만 열심입니다.

2000년 직후와 같은 대세 상승기 때에는 부동산 투자에 성공한 사람이 실패한 사람보다 더 많았습니다. 일단 사놓으면 떨어지는 경우가 적었지요. 문제는 시장의 등락이 커지면서 개별 부동산이 차별화될 때입니다. 6개월 후조차 안개 속이 돼 버리기 일쑤입니다. 바로 요즘과 같은 때이지요.

비록 미력하나마 이 책을 통해 독자들이 이런 안개 시장에 대비하는 데 도움을 줄 수 있기를 바랍니다. 아울러 안개가 걷히기 직전의 타이밍을 잡아내는 내공을 쌓는 데 보탬이 되면 좋겠습니다.

책이 나오기까지 도움을 주신 한국경제신문과 한경 〈머니〉 식구들, 동도원 출판사 분들에게 고마운 마음을 전합니다.

MB시대의 부동산 정책 방향

'정부가 이길까, 시장이 이길까?'

과거 참여정부 초기 이런 질문을 하는 이가 많았다. 정부가 쏟아낸 부동산 규제책이 과연 효과를 낼 수 있을지 초미의 관심사였다. 참여정부 말기 서울을 포함한 수도권의 집값·땅값이 폭등하면서 승부는 분명하게 갈렸다. 시장의 완승이었다. 집권당의 인기는 추락했고, '친시장주의'를 표방하는 이명박 정부가 탄생했다.

사실 이런 결과는 이미 예고된 것이었다. 규제 일변도의 부동산 정책은 끝이 뻔히 보이는 게임이었다. 가뜩이나 주택보급률이 낮은 상황(2005년 기준 서울지역 89.7%)에서 공급을 늘리기보다 수요를 억제하는 데만 급급했기 때문이다. MB정부에선 부동산 정책의 대대적인 변화가 불가피하다. 특히 더 큰 '시장의 역습'을 막기 위한 조치가 이뤄질 것으로 보인다.

○ 시도별 주택보급률(통계청 인구주택총조사 자료)

	가구수	주택수	주택 보급률
전국	12,490.5	13,222.6	105.9
수도권	5,975.7	5,781.8	96.8
서울	2,587.5	2,321.9	89.7
부산	953.9	967.1	101.4
대구	658.3	608.9	92.5
인천	672.5	723.6	107.6
광주	367.6	379.3	103.2
대전	372.5	379.9	102.0
울산	277.4	276.6	99.7
경기	2,715.7	2,736.2	100.8
강원	389.6	493.9	126.8
충북	381.8	456.2	119.5
충남	491.8	634.9	129.1
전북	476.6	598.2	125.5
전남	496.0	671.3	135.4
경북	696.7	877.8	126.0
경남	814.6	943.2	115.8
제주	138.1	153.4	111.3

참여정부 규제의 핵심은 △양도세 중과 △보유세 강화 △전매제한 강화 △대출 규제 △재건축 규제 등이었다. 부동산 가격이 비합리적으로 급등한 만큼 거래를 제한하고 세금을 많이 매기겠다는 발상이었다. 이중 삼중 규제의 연속이었다.

MB정부 5년간 이 같은 규제가 빠짐없이 시험대에 오를 것이다. 대표적인 것이 양도세 중과이다. 지금은 주택을 2채 이상 소유한 사람에게 양도차익의 50%, 3채 이상 보유자에게 60%를 세금으로 매기고 있다. 부재지주가 땅을 팔 때 역시 60%의 양도세가 부과된다.

우선 2주택자에 대한 양도세가 낮춰질 가능성이 높다. 거래의 물꼬를 터주기 위한 방편이다. 중장기적으로 2주택자에 대해선 1주택자에 대한 일반 과세(9~36%) 수준까지 낮아질 것으로 예상된다.

사실 양도세 정책은 역사적으로도 정권에 따라 냉·온탕을 드나들었다. 다주택자에 대한 양도세는 1978년 차익의 50~70%로

| 정권 변화에 따라 냉온탕을 드나든 양도세제 |

1978년 : 양도세 강화(2년 미만 70%, 2년 이상 50%)
1981년 : 양도세 완화(2년 미만 50%, 2년 이상 40%)
1989년 : 양도세 강화(최고 60%로 중과세)
1999년 : 양도세 완화(최고 50%, 2년 이상은 30~50%)
2005년 : 양도세 중과(3주택자에 대해 60% 중과)

강화됐지만, 1981년 40~50%로 완화되었다. 다시 1989년 최고 60%로 강화됐다 1999년 30~50%로 완화됐다. 3~10년마다 변화를 보인 셈이다. 2005년 최고 60%로 강화됐으니 또 다시 완화된다고 해서 전혀 이상할 일은 아니다.

다만 부재지주에 대한 양도세의 경우 쉽게 완화되지 않을 것이다. 주택과 달리 실수요 목적을 인정받기 힘들기 때문이다. '토지 보상'이란 변수가 있긴 하지만, 토지 시장의 지속적인 침체는 불가피한 상황이다. 개별 호재에 따른 국지적 상승을 제의할 때 그렇다는 얘기다.

종합부동산세에 대해서도 손을 볼 것 같다. 종부세 과표(세금을 부과하는 기준)는 단계적으로 공시가격의 100%로 인상될 예정인데, 세부담이 과중하다는 지적이 많다. 속도 조절과 함께 고령자에 대한 세금 감면 등 다양한 예외조항이 논의될 것이다. 실거주 목적의 장기 1주택 보유자에 대해선 종부세를 아예 면제해주는 방안도 검토 가능한 해법이다. 어떤 방식으로든 고가 주택에 대한 종부세 부담은 현재보다 완화될 게 분명하다.

과도한 전매제한 규제 역시 재산권 침해 논란을 불러일으키고 있다는 점에서 재검토될 가능성이 높다. 지금은 분양가 상한제 아파트를 분양받을 경우 최장 10년 동안 사고팔 수 없다.

대출 규제에도 변화의 바람이 일 것으로 보인다. 특히 '총부채

상환비율(DTI) 40%' 규제는 다소 유연화될 것이다. 미국에선 우리나라와 반대로 은행 대출을 통한 주택 구입을 오히려 장려하고 있다. 주택 계약금을 은행에서 빌려주는 '제로 다운페이먼트 (Zero-Downpayment)' 까지 등장했을 정도다.

재건축 규제 완화는 쉽지 않은 이슈다. '화약고'와 같다. 다만 지금과 같은 규제 일변도에서 벗어나 '재건축 로드맵'을 구체적으로 제시하고, 용적률·층수·임대아파트건립·소평평형비율 등 각 규제를 일부 완화해주는 방안이 검토될 것으로 예상된다.

○ 재건축 관련 주요 규제

규제	주요 내용	해당 지역	시행
후분양제 도입	2003년 7월 1일 이후 사업시행인가를 신청한 곳은 80% 이상 시공 후 입주자 모집	투기 과열지구	2003.7.1
안전진단 기준 강화	예비안전진단 실시, 본 안전진단 시 평가 분야 및 평가 항목 세분화, 종합평가 시 기준 마련	전국	2003.7.1
재건축 연한 강화	81년 12월 31일 이전 준공 단지는 20년, 82~91년 준공 단지는 22+(준공연도-1982)×2년	수도권	2003.7.1
소형주택 의무 비율 확대	2003년 9월 5일 이후 사업시행인가를 신청한 재건축 사업 단지는 전체 건설 예정 가구수(조합원 분양+일반 분양)의 60% 이상을 전용면적 85㎡로 건설하도록 의무화	수도권 과밀 억제권역	2003.9.5

조합원 지위 양도 금지	조합설립인가 후 조합원 지위 양도 금지(단 수도권 밖으로 근무지 변경, 상속, 국외이주 등은 예외적으로 1회 허용)	투기 과열지구	2004. 1. 1
개발 이익 환수제 시행	2005년 5월 17일 이후 사업시행인가를 받는 단지는 임대주택 공급 비율을 용적률 증가분의 25%, 5월 17일 이전 사업시행인가 받은 단지는 10% 임대주택 건설	수도권 과밀 억제권역	2005. 5. 17
소형주택 의무 비율 확대	2005년 5월 19일 이후 사업시행인가를 신청하는 단지부터 전용면적 85m² 이하가 전체 연면적에서 차지하는 비율을 50% 이상이 되도록 추가로 규정	수도권 과밀 억제권역	2005. 5. 19
입주권 양도세 강화	양도소득세 과세 재건축, 재개발 조합원 입주권 주택수에 포함	전국	2006. 1. 1

　　부동산 시장은 장기 침체를 벗고 점차 상승세로 돌아설 전망이다. 무엇보다 최근 수년간 주택 공급 실적이 꾸준히 감소해온 탓이다. 수도권 인구가 앞으로 20년 이상 증가세를 이어갈 것(통계청 인구주택총조사 결과)이란 점도 이 같은 전망을 뒷받침한다. 수급 미스매칭(mismatching)에 따른 가격 불안은 제2기 신도시 입주가 본격화하는 2010~2011년까지 계속될 것으로 예상된다.

　　청약예금이나 청약부금 가입자 중 △부양가족수가 많거나 △무주택기간이 길거나 △통장 가입 기간이 길면 느긋하게 생각할 필요가 있다. 투자가치가 높은 아파트에 선별 청약하면 된다. 기다리다 보면 반드시 한 번은 기회가 온다.

　　청약가점은 무주택기간(2~32점), 부양가족수(5~35점), 청약통장 가입기간(1~17점) 등으로 구성되며, 84점이 만점이다. 무주택기간 가점은 1년 경과할 때마다 2점씩, 부양가족수는 1명 늘 때마다 5점씩, 청약통장 가입기간은 1년 경과할 때마다 1점씩 올라간다.

하지만 주택을 한 채라도 갖고 있거나 사회 초년생, 신혼부부, 독신가구 등은 청약가점제와 관계없이 통장을 적극 활용해야 한다.

평형을 늘려가고 싶어 하는 1주택 실수요자의 경우 청약과 기존 주택 매입 전략을 병행하는 게 좋을 것 같다.

2주택 이상 다주택 보유자의 경우 매도를 서두를 필요는 없다. 2주택자에 대한 양도세가 50%로 중과되고 있기 때문이다. '양도세 감면카드'가 나올 때까지 기다렸다가 신도시 입주가 개시되기 전인 2010년경에 매도하는 게 바람직해 보인다.

제1부

수익형 부동산

근린상가로
투자수익을 낚다

근린상가란

도시지역 내 상업지역, 이 중에서도 근린상업지역에 들어서 있는 상가를 말한다. '국토의 계획 및 이용에 관한 법률'에 따른 정의다. 일반적으로는 주거 생활권 가까이 위치해 있는 상업시설을 의미한다. 대부분 4~5층 규모이며, 면적이 대개 1000㎡(302.5평) 이하이다.

근린상가_요즘 투자자들은 여
윳돈을 근린상가에 묻는 것을
좋아한다.

　나두삼 씨(44)는 2년 전 서울 홍대 앞 근린상가를 매입했
다. 도로변 33㎡(10평) 규모였는데 전 주인이 스파게티 가게
를 운영하다 수지가 맞지 않아 내놓은 상가였다. 나 씨는 대출
을 끼고 이 상가를 3억 원에 산 다음 직접 아이스크림 전문점을
차렸다. 뉴질랜드의 유명한 아이스크림 체인점을 벤치마킹하여
말랑말랑한 와플에 아이스크림을 얹어 파는 상품을 개발했다.
결과는 대 히트. 젊은이들로부터 큰 인기를 모았고 나 씨는 매
달 500만 원가량의 순익을 낼 수 있었다. 최근 인근 부동산 중
개업소에 들른 나 씨는 깜짝 놀랐다. 자신이 매입했던 근린상가
가격이 그동안 1.5배나 뛴데다 권리금까지 적지 않게 챙길 수
있다는 얘기를 들었기 때문이다. 나 씨는 이 상가를 조만간 매
각할 계획이다. 이후엔 싼값에 매물로 나온 근린상가를 매입한
뒤 직접 개발해 투자수익을 올리는 사업 모델을 구상 중이다.

고정임대수입과 투자가치가 수익형 부동산 중 단연 최고

최근 상가정보업체가 설문조사를 실시한 적이 있다. 근린상가, 단지내 상가, 주상복합상가, 테마상가(쇼핑몰) 등 대표적인 수익형 부동산 가운데 가장 관심 있는 상가가 무엇인지에 대한 조사였다. 결과는 근린상가의 압도적인 승리. 상가 투자 희망자의 절반 이상은 근린상가를 매입할 계획을 갖고 있었다.

근린상가는 유동 인구가 많은 곳의 저층 상가란 게 가장 큰 특징이다. 여러 상가 가운데 고객과의 '접촉률'이 가장 높다. 고정임대수입뿐만 아니라 투자가치 면에서도 가장 낫다.

특히 테마상가나 단지내 상가와 비교할 경우 환금성이 월등하다. 쉽게 되팔 수 있다는 얘기다. 웃돈이나 권리금도 수월하게 붙는 편이다.

다만 테마상가처럼 전용률(전체 건물 면적에서 실제로 사용할 수 있는 사무실, 탕비실, 휴게실 등의 비율. 엘리베이터, 주차장 등의 면적은 전용면적에서 제외된다)이나 동선, 층에 따른 차별화가 갈수록 두드러지고 있다는 점에 유의해야 한다. 전용면적이 전체 면적의 최소 55% 이상 되는 곳을 선택하는 게 바람직하다.

역세권 근린상가에 투자하기 위해선 비교적 목돈이 필요하다. 매장이 82.6㎡(25평) 정도 된다면 최소 5억 원에서 10억 원 정도가 소요된다. 서울 강남권 등 핵심 지역이라면 이보다 훨씬 더 많은 초기 자금이 들어간다. 강남역 근린상가 1층의 경우 3.3㎡(1평)당 1억~2억 원을 넘기기 일쑤다.

유동인구가 많은 전철역, 대로변의 상가를 선점하라

요즘 수도권에서 나오는 근린상가 중 상당수는 택지지구(신도시) 내 물량이다. 택지지구 조성이 워낙 많기 때문이다.

택지지구 내 근린상가의 경우 안정된 상권이 형성되기까지 시간이 오래 걸리는 게 보통이다. 아파트 입주와 동시에 상권이 형성되는 단지내 상가와 다른 점이다. 판교, 동탄, 송파(위례), 광교와 같은 유망 신도시라도 상권이 안착되려면 입주 후 3~5년 정도 필요하다. 투자가치를 고려하고 있다면 가격이 상대적으로 저렴한 초기에 분양받는 게 좋다. 하지만 고정임대수입을 기대하고 있다면 어느 정도 기반이 잡힌 이후 매입을 결정하는 게 낫다.

택지지구 근린상가를 고를 때는 전체 택지지구의 상업용지 비율이 얼마나 되는지를 먼저 따져볼 필요가 있다. 전체 면적의 5% 이하인 곳이 좋다. 상가의 희소성이 높아 임차인 모집이 수월하기 때문이다. 상업용지 비율은 토지공사, 주택공사 등 사업시행자에 물어보면 쉽게 알 수 있다.

택지지구이든 아니든 근린상가를 고를 때는 역세권 주변을 가장 먼저 고려하는 게 원칙이다. 전철역이 새로 생긴다면 그 주변 상가를 선점하는 것도 방법이다. 강남과 강서를 잇는 서울 지하철 9호선 역세권이나 신분당선이 개통되는 곳 주변을 추천할 만하다. 전철역보다는 못하지만 버스 정류장이 새로 생기는 곳도 나쁘지 않다.

횡단보도 앞이라면 금상첨화다. 사람들이 신호 바뀌기를 기다리면서 상가에서 물건을 쉽게 구매할 수 있기 때문이다. 출근보다는 퇴근길 길목이 좋다. 사람들은 바쁜 출근 때보다 한결 여유 있는 퇴근 때 쇼핑에 좀 더 관심을 갖기 마련이다. 주변에 주차장이나 공원시설이 있어도 좋다.

대개 유동인구가 많은 곳은 매매가와 권리금이 높게 형성되어 있기 마련이다. 하지만 이런 곳에 투자해야 실패 확률을 낮출 수 있다.

특히 초보일수록 실패 확률이 낮은 곳을 선택하는 게 유리하다. 신설 역세권 주변을 선점한다면 안정적인 임대수입뿐만 아니라 일정 부분 투자수익도 기대할 수 있다. 다만 역세권도 출구별로 편차가 큰 만큼 현장 주변 상가들을 대상으로 투자에 앞서 사전조사를 철저하게 해야 한다.

임차인(또는 입점한 가게)이 누구인지를 따져보는 것도 중요하다. 스타벅스나 커피빈과 같이 브랜드 인지도가 높은 업체나 시중 유명은행이 들어서 있다면 고정임대수입을 올리기에 더할 나위 없이 좋다. 임대료를 연체할 가능성이 낮고 상가 인지도가 높아져 투자가치도 자연스레 상승할 수 있다.

임대차 계약이 만료됐을 때 승계자에게 과도한 권리금(종전의 점포 운영자가 닦아놓은 점포의 명성이나 단골손님 등에 대한 대가다. 점포 소유주가 임차인을 두고 있는 상태라면, 종전 임차인이 새 임차인에게 요구해 받아낼 수 있다. 다만 법적 보호를 받지는 못한다)을 요구하는 경우도 적다. 권리금이 많이 붙어있다면 투자 가치 면에선 긍정적이지만, 임대차 계약에 어려움을 겪을 수 있기 때문이다.

시설투자가 많이 된 상가를 매입하는 것도 안전한 방법이다. 임차인이 투자비용을 고려해 가게를 쉽게 청산하지 못한다.

상가에 투자할 때 대출 비중을 30% 미만으로 유지하는 게 좋다. 대출 비중이 지나치게 높으면 공실 등 위기상황에 탄력적으로 대응할 수 없다.

근린상가 투자법   Key Point

- 주변의 임대료가 수익률을 좌우한다(입지보다 임대료 수준이 더 중요하다).
- 가격이 꼭짓점에 도달하기 이전에 팔아라(그래야 매매가 원활하다).
- 1층의 목 좋은 곳을 노려라(가격이 비싸도 그만한 가치가 있다).
- 상권, 수익률, 업종을 철저히 분석하라(3가지만 괜찮으면 90%는 성공).
- 신호등 앞을 중시하라(횡단보도가 있으면 유동인구가 많다).
- 역세권이나 대로변 예정 지역 상가를 선점하라(눈에 띄는 곳을 찾아야 한다).
- 건물 전면이 넓은 상가를 골라라(무조건 유동인구의 접촉률이 높아야 한다).

상가 투자엔 얼마가 필요할까?

상가에 투자할 때 최소 2억~3억 원가량이 필요하다. 그래야 어느 정도 투자가치가 있는 상가를 확보할 수 있다. 이보다 적은 금액으로 소형 테마상가를 매입할 수 있지만, 수익률이 저조하고 투자가치도 낮은 편이다. 금액이 적다면 차라리 오피스텔 투자로 임대수입을 얻는 게 낫다.

2~3억 원 정도 자금을 갖고 있다면 배후세대가 충분한 아파트 단지내 상가를 우선 노려볼 수 있다. 선임대가 완료된 상가를 찾을 경우 안정적인 고정수입을 올릴 수 있다.

5억 원 이상 확보했다면 주요 택지지구 내 근린상가를 공략하는 방법이 추천된다. 특히 1층 코너 자리나 출입구 쪽 상가를 눈여겨봐야 한다. 제과점, 편의점, 세탁소, 안경점 등은 안정적인 임대가 보장되는 업종이다. 별도 계약을 통해 높은 가격으로 독점 공급되는 약국 상가도 괜찮다. 이보다 더 많은 자금을 확보하고 있다면 택지지구 상업용지를 낙찰 받거나 역세권 중소형 빌딩을 매입하는 게 좋다.

안정적인 임대료 수입은
단지내 상가로

단지내 상가란

공동주택 입주민들이 이용하는 단지내 상업시설을 말한다. 부동산 중개업소나 슈퍼마켓, 세탁소, 제과점 등이 주로 입점한다. '아파트상가'로도 불린다. 규모는 지하 1~2층 정도인데, 요즘엔 지하층 상가가 사라지는 추세다.

단지내 상가_아파트 단지
내 상가는 안정적인 임대
수익을 올리기에 가장 좋다.

　　서울 목동에 거주하는 주부 송미령 씨(39)는 3년 전 남편을
따라 미국 유학길에 오르면서 수도권의 단지내 상가를 매입했
다. 1층 23.8㎡(7.2평)을 2억 1000만 원에 샀다. 매년 임대차
계약을 자동으로 갱신한다는 조건으로 세탁업자에게 세를 놓
았다. 임대보증금 4000만 원에 월 110만 원씩 받는 조건으로
수익률이 연 7.8% 수준인 셈이다. 귀국 후 상가 시세를 확인해
보니 평당 500만 원이나 뛰어 있었다. 매달 안정적인 월세를
받으면서 짭짤한 투자수익까지 얻게 된 것이다. 송 씨는 이만큼
안정적이고 투자수익이 보장되는 상품이 없다는 생각에 또 다
른 단지내 상가를 찾고 있다.

고위 공무원들이 선호하는 단지내 상가

국내 한 상가정보업체가 고위 공무원 625명의 재산 내역을 조사

해 발표한 적이 있다. 이때 드러난 사실 중 놀라운 점은, 고위 공직자 다섯 명 중 한 명꼴로 상가를 소유하고 있다는 것이었다. 혼자서 7개의 상가에 투자한 공무원도 있었다. 투자수익뿐만 아니라 고정임대수입을 올리는 데 상가만한 상품이 없다는 믿음이 그대로 반영된 결과였다.

특히 고위 공무원들은 단지니 상가를 선호했다. 임대료가 가장 안정적으로 나오는 수익형 부동산이란 게 이유다. 경기 상황에 관계없이 수익률이 꾸준한 편이어서 상가에 처음 투자하려는 사람들에게도 알맞다.

아파트 입주민들의 편의시설로 설치되기 때문에 고정 고객을 확보할 수 있고, 건설업체나 대한주택공사가 분양하는데다 입점 시기도 분명해 투자 위험이 상대적으로 낮은 편이다.

하지만 시장에 첫 공급되는 단지내 상가는 경쟁 입찰 방식이어서 변수가 많다는 점에 유의해야 한다. 분위기에 휩쓸려 상가 입찰가를 너무 높게 써내거나 주변 시세보다 높은 가격에 분양 받으면 자칫 은행 예금 금리보다도 낮은 임대수입을 올릴 수 있다. 또 상권이 활성화되지 못할 경우 한동안 임차인을 구하지 못하는 낭패를 당할 수 있다.

주출입구와 주민의 동선이 일치하는 상가를 매입하라

유망한 단지내 상가를 고르는 첫 번째 수칙은 세대수 대비 상가 비중이 작아야 한다는 것이다. 통상 가구당 상가면적이 $1.653㎡$ (0.5평)을 넘으면 수익성이 떨어진다고 봐야 한다. 독점적인 상권이 보장되기 어려운 탓이다.

예컨대 한 단지가 700가구로 구성되어 있다면, 이 단지의 적정 상가 연면적은 $1157㎡$(350평) 이하다. 700가구$×1.653㎡$의 결과다. 다시 말해 가구당 적정 상가면적을 $1.653㎡$(0.5평) 이하로 계산했을 때 그렇다는 얘기다. 상가 연면적이 이보다 크면 투자를 재고해 봐야 한다.

수익률도 꼭 따져봐야 할 요소다. 대개 시중은행의 1년짜리 정기예금 금리보다 2~3%포인트 높은 수준으로 잡는 게 적당하다.

수익률 계산은 월 임대료를 '보증금을 제외한 매입가격'으로 나눈 뒤 12달을 곱하는 식이다.

> **수익률** = (월 임대료 ÷ 보증금을 제외한 매입가격)×12

위에서 예로 든 송미령 씨의 경우 2억 1000만 원의 투자금으로 상가를 매입한 뒤 이를 보증금 4000만 원에다 월 110만 원씩 받는 조건으로 임대를 내줬다. 이 상가의 수익률은 (110만 원÷(2억

1000만 원−4000만 원))×12×100로 계산된다. 결국 송 씨의 연수익률은 7.8%인 것이다. 이 정도면 나쁘지 않은 수준이다.

분양가(낙찰가)가 턱없이 높다면 적정 수익률이 나오기 어렵다. 수도권의 경우 낙찰률이 내정가 대비 150%를 넘는다면 '의미 있는' 수익률을 기대할 수 없다. 특히 입찰 현장에서 분위기에 휩쓸려 입찰가격을 내정가보다 200% 이상 높게 써내는 경우가 종종 있는데, 나중에 임대수입을 맞추지 못할 가능성이 높다.

다만 낙찰률을 맹목적으로 볼 필요는 없다. 예컨대 주택공사가 공급하는 단지내 상가의 경우 민간 건설사가 공급하는 상가보다 내정가 자체가 다소 낮다.

단지내 상가의 상권이 가장 활발한 곳은 66.1~99.2㎡ (20~30평형)대가 주류를 이룬 아파트 단지다. 젊은층이 많이 살기 때문에 소비성향이 높다. 하지만 대형 할인점이나 중심 상가가 지나치게 가깝다면 중소형 평형이 많다고 하더라도 피하는 게 좋다. 독점상권이 보장되지 않아 단지내 상가의 상권을 뺏길 우려가 있다.

단지내 상가의 배후단지는 최소 500가구 이상 되어야 한다. 이보다 적으면 활발한 상권을 기대할 수 없다. 특히 상가의 위치가 주출입구 쪽에 있는 게 유리하다. 일부 단지내 상가는 주출입구 대신 후문 쪽에 자리 잡고 있어 단지 배치도를 보면서 확인할 필요가 있다. 주출입구와 주민들의 동선이 일치하는 게 가장 좋다.

상가의 입점 업종이 다양할수록 수익성이 높다. 수도권 택지지구 내 단지내 상가를 보면 1층에 부동산 중개업소가 대부분을 차지한 곳이 눈에 띄는데, 이런 곳은 업종 구성이 바람직하지 않다.

중개업소, 제과점, 슈퍼마켓, 치킨집, 세탁소 등으로 각 업종의 독점성이 보장돼야 상권 활성화에 도움이 된다. 입점상가들끼리 과당 경쟁을 피할 수 있고, 입주민에게도 단지내 상가에서 웬만한 기본 쇼핑을 즐길 수 있다는 인식을 심어줄 수 있다. 특히 입주 초기 단지내 상가에선 슈퍼마켓의 장사가 가장 잘 되는 편이다. 입주민들이 이사 직후 물건을 많이 사기 때문이다.

단지내 상가를 고를 땐 가급적 1층 코너의 핵심 위치를 선점하는 게 좋다. 물론 이런 상가의 가격이 가장 높지만, 안정적인 임대수입은 물론 높은 투자수익까지 기대할 수 있다. 단지내 상가를 매입했을 때 가장 큰 단점으로 꼽히는 것이 되팔기 어렵다는 것이다. 하지만 1층 코너상가의 경우 환금성 면에서 다른 상가들보다 낫다.

단지내 상가를 매입할 때 임대수입보다 투자가치를 더 많이 고려한다면, 무엇보다 초기에 분양받는 게 가장 현명한 방법이다. 상가의 경우 특별한 규제가 없기 때문에 중개업자들이 초기 분양물량에다 웃돈을 붙여 다른 사람에게 넘기는 수법을 많이 동원한다. 따라서 중개업자가 아닌 시공사(또는 분양대행사)가 초기에 공급하는 상가를 노리는 게 투자수익까지 덤으로 챙길 수 있는 가장 빠른 길이다.

다만 초기 입주가 제대로 이뤄지는 단지인지 먼저 따져봐야 한다. 가수요가 많은 아파트 단지의 경우 입주 개시 후 6개월이 넘도록 비어있는 경우가 적지 않다. 이런 단지에선 상가의 상권이 활성화되기 힘들기 때문에 적정 임대수입을 기대하기 어렵다. 상가가 장기 미분양되고 있다면 이런 이유 때문은 아닌지 따져볼 일이다.

일반적으로 주민 입주가 원활한 단지들은 역세권 등 교통이 좋거나 도심에서 가까운 곳들이다. 아파트 분양권 프리미엄이 많이 붙어있는 단지의 초기 입주율이 높은 편이다.

단지내 상가 투자 10계명

Key Point

1. 가구당 상가면적은 1.653㎡(0.5평) 미만으로 한다.
2. 세대수는 최소 500가구 이상 되어야 한다.
3. 66.1~99.2㎡(20~30평) 규모의 주택이 많아야 상권이 활성화된다.
4. 대형 할인점이나 중심 상가와 멀어야 좋다.
5. 입점한 업종 구성이 다양할수록 좋다.
6. 수익률은 시중금리보다 2~3%프인트 높아야 한다.
7. 낙찰률이 150%를 넘으면 곤란하다.
8. 주민들의 동선과 일치하는 주출입구 쪽이 유리하다.
9. 1층 코너상가가 투자수익도 높다.
10. 초기 입주가 활발한 단지를 고른다.

고가 주택 매입 땐 부부 공동명의로

고가의 주택을 매입하거나 매입 후 3년 내 되팔 계획이라면 부부 공동명의로 등기를 내는 게 절세할 수 있는 방법이다.

국내에서는 주택 가격이 6억 원을 넘으면 초과분에 대해 양도세를 내야 한다. 또 주택을 매입한 후 3년이 지나지 않은 시점에서 되판다면 역시 양도세 부과 대상이다. 1년 이내 팔면 양도차익의 50%, 1년 후 2년 이내 팔면 40%, 2년 후 3년 이내 팔면 8~35%(초과 누진세율)를 세금으로 내야 한다. 주택을 3년 이상 보유해도 소재지가 서울 및 과천, 분당, 일산, 평촌, 중동, 산본 중 한 곳이라면 2년 이상 거주해야 비과세 혜택을 받을 수 있다. 고가주택을 매입하거나, 매입 후 3년 내 되팔거나, 3년 이후 팔더라도 2년 거주 요건(서울 등 일부 지역)을 충족하지 못하면 어떤 식으로든 양도세를 내야 한다는 얘기다.

이때 부부 공동명의로 소유권 이전 등기를 치렀다면 적지 않은 돈을 아낄 수 있다. 기본적으로 양도세 과세체계가 초과 누진세율 구조이기 때문이다.

A씨 부부가 서울의 모 아파트를 4억 원에 매입해 2년 후 5억 원에 되팔았다고 가정해보자. 이때 A씨가 단독 소유주였다면, 그

가 내야 할 세금은 총 2430만 원(양도세의 10%인 주민세는 제외)이 된다. 양도차익 1억 원(5억 원-4억 원)에 대해 9~36%의 누진세율이 적용되기 때문이다. 즉, 1000만 원까지 9%(90만 원), 그다음 3000만 원에 대해 18%(540만 원), 4000만 원에 대해 27%(1080만 원), 나머지 2000단 원 36%(720만 원) 등을 합한 결과다.

하지만 A씨가 만약 부부 공동명의로 등기를 냈다면 양도세가 이보다 훨씬 줄어들게 된다. 양도차익 1억 원에 대해 부부 2명이 쪼개내는 방식이다. 즉 차익은 단순히 '1억 원'이 아니라 '5000만 원×2명'이 된다는 식이다. 계산해 보면, 부부가 각자 내야 할 양도세는 900만 원(1000만 원×9% + 3000만 원×18% + 1000만 원×27%) 씩이다. 부부의 세금을 합해도 1800만 원에 불과하다. A씨가 단독 등기를 냈을 때의 세금(2430만 원)보다 630만 원을 아낄 수 있는 셈이다.

소액 투자가 가능한
테마상가

테마상가란

건물 전체가 하나의 테마로 구성되어 있는 쇼핑몰이다. 여러 업종이 다양하게 입점하는 백화점과 다르다. 한 건물에서 유사 상품만을 취급하기 때문에 가격이나 품목이 다양한 편이다. 소비자 입장에서 가장 최적의 상품을 선택할 수 있다는 장점이 있다.

테마상가_ 테마상가는 적은 돈으로 투자할 수 있는 게 매력이다. 직접 매장을 운영하려는 사람에게 알맞다.

전 미술 과외교사였던 강미정 씨(29)의 꿈은 액세서리 가게를 차리는 것이었다. 하지만 강남역과 같은 인기 지역 스트리트형 상가의 경우 보증금이나 권리금이 너무 비쌌고, 좀 저렴한 지역 상가는 손님 없이 텅 빈 곳이 대부분이었다. 강 씨가 선택한 가게는 테마상가. 그동안 모은 5000만 원으로 시내의 테마상가 19.8㎡(6평)을 매입했다.

유동인구가 많은 1층이 아니었지만 자신의 '브랜드'를 나건 액세서리 전문점을 낸다는 데 의미를 뒀다. 다행히 손수 만든 액세서리가 인기를 얻으면서 매상이 꽤 올랐다. 가게를 차린 지 1년이 채 안 됐지만, 월수입이 300만 원가량 나오고 있다.

강 씨는 요즘 다른 꿈을 꾸게 됐다. 자신의 브랜드 숍을 프랜차이즈화하는 것이다. 강 씨는 다른 사람들도 테마상가를 적절하게 활용할 경우 초기 비용부담을 줄이면서 성공적으로 창업할 수 있다고 믿고 있다.

수천만 원으로도 상가를 살 수 있다

테마상가의 최대 장점은 소액 투자가 가능하다는 것이다. 수천만 원만 있으면 도심지역의 웬만한 테마상가를 매입할 수 있다. 용적률이 높아 고층으로 짓기 때문에 가격이 낮아질 수 있는 것이다. 물론 1층 핵심 위치나 좀 더 넓은 면적을 매입하려면 최소 수억 원이 필요하다.

테마상가는 동대문 밀리오레(1998년), 두타(1999년) 등을 필두로 새롭게 나타난 쇼핑몰 형태다. 초대형 건물에 젊은층의 수요를 충족시킬 수 있는 특화된 아이템과 먹거리, 즐길거리 등을 결합했다. 특히 어린이용품 전문점이나 애완동물 전문점, 병의원 등으로 특화되면서 '카테고리 킬러'란 이름으로 불리기도 한다.

2005년 4월부터 시행한 '선시공 후분양' 제도가 정착되면서 테마상가 투자에 대한 위험도 상당부분 엷어졌다. 상가 후분양제는 총면적 3000m²(907.5평)을 넘는 상가의 경우 시행사가 땅을 모두 사들여 소유권을 확보하고 건축허가를 받은 다음 전체 공정의 3분의 2를 마쳐야 분양할 수 있도록 한 제도다. 계약자로부터 미리 돈을 받아 건물을 짓던 과거 방식에 제동이 걸린 것이다. 소비자로서는 그만큼 안전장치가 생긴 셈이다.

테마상가 투자가 매력적인 또 다른 이유는 노후연금과 같은 현금 유동성이다. 직접 운영하지 않고 임대를 내줄 경우 매달 임대료를 받을 수 있기 때문에 정기적인 현금배당을 받는 것과 똑같다.

하지만 투자수익은커녕 임차인조차 구하지 못해 상가를 비워둔 채 오랫동안 마음 고생하는 투자자도 적지 않다. 경기침체의 직격탄을 가장 먼저 받는 곳이 바로 테마상가이기 때문이다.

테마상가는 그만큼 경기 흐름과 밀접한 관계를 맺고 있다. 경제성장률, 소비성향, 상권 변화 등까지 유심히 살펴야 하는 투자상품이란 얘기다.

소액으로 자영업의 발판을 마련할 수 있다

테마상가에 투자할 때는 수익률과 금리의 관계를 특히 잘 따져야 한다. 금리보다 두 배가량 높은 수익률을 기준으로 삼는 게 보통이다. 이때 자금 여유가 어느 정도 있는 사람에게는 예금 금리가 기준이고, 자금이 부족한 사람에게는 대출 금리가 잣대다. 자금이 부족한 사람은 빚을 내서 투자할 수밖에 없기 때문이다. 투자가치가 적은 대신 임대수입이 다른 상품보다 높은 게 테마상가의 특징이다.

상가개발업체들은 테마상가를 분양하면서 영화관 입점을 투자 포인트로 자주 내세운다. 건물 상층부에 유명 영화관이 들어설 경우 영화를 구경하러 온 사람들이 자연스레 쇼핑을 즐기게 될 것이란 논리다. 이른바 '폭포수' 효과다.

하지만 유동인구가 많은 지역의 대형 영화관이라 하더라도 중간층 상가들이 비어있는 경우가 비일비재하다. 영화관 입점이 쇼핑몰 영업에 어느 정도 영향을 미치는 것은 사실이지만, 요즘 소비자들은 영화를 보기 위해선 '멀티플렉스'(복합 영화관)에 가고 쇼핑을 즐기기 위해선 전문 쇼핑몰에 가는 성향을 보인다.

또 영화관 입점비용이 분양가에 포함되어 있는 경우도 많다. 유명 영화관이 입점한다거나 시공사가 대기업 브랜드라고 해서 덜컥 계약했다가 낭패를 볼 수 있다는 얘기다.

테마상가 분양 계약을 체결하기 전에 반드시 주변 임대료 수준까지 체크해야 한다. 한창 영업을 하고 있는 주변 가게에 들러 월임대료를 물어보거나 부동산 중개업소를 통해 간접적으로 파악할 수 있다. 상권 전망이 어떤지도 함께 살펴보는 게 좋다.

잘 알려진 제과점이나 약국, 외식업체 등 이른바 생활밀착형 업종의 입점이 결정되어 있다면 상권 형성에 유리하다.

유동인구가 많은 역세권이라고 다 좋은 것은 아니다. 반대로 유동인구가 적은 '나홀로 쇼핑몰'이라도 상권 독점력이 확실하다면 괜찮은 상가로 꼽힐 수 있다.

상가 분양가를 액면 그대로 신뢰해선 안 된다. 고무줄 분양가가 워낙 많은 탓이다. 준공 3~4년 후 상가 가격이 초기 분양가보다 50~60% 떨어진 곳도 부지기수다. 이런 관점에서 본다면, 오히려 웃돈이 붙어있거나 어느 정도 권리금이 형성되어 있는 곳이 더 안전하다.

테마상가에 투자하려면 1층 크너상가가 가장 좋다. 가격이 중간층에 비해 2~3배 비싼 게 보통이지만, 투자가치는 훨씬 더 높다. 테마상가의 경우 1층 핵심 상가들을 제외하고 투자가치가 전혀 없다고 '극언' 하는 상가 전문가도 있을 정도다.

주변에서 테마상가 분양이 흔한 것처럼 보이는 것은, 상가 개발업체들이 광고를 많이 내기 때문이다. 대규모 개발업체들은 자금력을 바탕으로 분양 초기 집중 광고를 쏟아낸다. 광고비가 분양가에 모두 포함되어 있는 것은 물론이다.

분양받을 때는 계약금과 중도금을 자금신탁회사 계좌로 입금해야 한다는 점에 유의해야 한다. 일부 시행사나 분양대행사들이 은근슬쩍 자금신탁회사 계좌와 함께 자체 계좌를 끼워 넣기 식으로 광고해 고객의 돈을 가로챈 다음 소유권 이전 등기를 차일피일 미루기도 한다. '사기 아닌 사기' 수법이어서 고객들은 등기 전까지 애가 탈 수밖에 없다.

테마상가는 기본적으로 '투자상품'의 성격이 약할 수밖에 없다. 상가를 직접 운영할 자영업자가 투자하는 게 가장 좋다. 의류 매장이나 액세서리 가게 등의 운영을 꿈꿔온 사람에게 비교적 소액으로 자영업의 발판을 마련해 줄 수 있다는 게 테마상가의 최대 매력이다.

상가 후분양제의 요건

Key Point

- 3000㎡(907.5평) 이상을 분양할 때는 시 · 군 · 구에 신고한 후 대지 소유권을 확보해야 한다.
- 골조공사를 3분의 2 이상 마친 후 분양해야 한다.
- 2곳 이상의 건설업자로부터 연대보증 받아야 한다.
- 신탁회사와 신탁계약을 맺거나 금융권 분양을 보증 받으면 착공 신고 후 분양 가능하다.
- 신탁계약서에 부도 발생 시 피분양자가 우선 변제 받을 수 있도록 명문화해야 한다.

임차인은 어떻게 구하나

상가 임차인을 선별할 땐 특히 신중해야 한다. 가급적 계약기간이 긴 임차인을 찾는 게 좋다. 공실이 생길 때 새 임차인을 구하지 못하거나 임대료가 대폭 깎이는 일이 많기 때문이다. 대표적인 업종이 부동산 중개업이다. 중개업체들은 새 아파트의 단지 내 상가나 신규 택지지구의 근린상가를 초기에 높은 가격에 빌리지만, 1년 계약 후 떠나버리는 경우가 적지 않다. 부동산 매매나 전세 계약이 입주 초기에만 집중되는 탓이다. 소유주 입장에선 초기 임대료를 높게 받을 수 있지만 재계약 때 애로를 겪기 마련이다. 상가 공실이 생기면 소유주가 임대료는커녕 관리비만 납부해야 한다.

반대로 시설투자가 많은 업종은 임대계약 '0순위'다. 치과 등 병의원의 경우 각종 장비 설치와 인테리어 비용 때문에 쉽게 이전하지 못한다. 즉 장기 계약이 가능하다. 패밀리 레스토랑 역시 마찬가지다. 유명 커피전문점이나 은행을 입점시키면 안정적인 임대수입에다 투자수익도 높일 수 있어 일석이조다.

명품 투자자를 위한
주상복합상가

주상복합상가란

　주상복합 아파트의 단지내 상가를 말한다. 주상복합 아파트는 법률상 주거지역이 아닌 상업지역에 들어서기 때문에 유동인구가 많은 게 특징이다. 고층 주상복합의 1~3층에 상가가 들어서거나, 별도 상가동이 마련되기도 한다. 일반 단지내 상가와 달리 커피전문점, 의류점 등 고급 브랜드 점포가 많이 입점하는 편이다.

    고순만 씨(55)가 서울 강남구 도곡동의 T주상복합상가를 매입한 것은 3년 전이었다. 무역업을 정리하고 여윳돈으로 1층 상가를 사서 고급요리 체인점에 임대를 내줬다. 고 씨가 임대료를 매년 10% 가까이 올리고 있지만 임차인은 크게 싫은 내색을 한 적이 없다. 식당이 저녁 때마다 항상 손님들로 붐비기 때문이다. 여름이면 밤늦게까지 식당 안은 물론 테라스 테이블에도 빈 자리가 없을 정도다. 고 씨도, 임차인도 모두 이 주상복합상가에 만족해하고 있다.

고급화로 승부한다

    줄곧 찬바람이 불던 주상복합상가 시장에도 숨통이 트이고 있다. 단지내 고급 주거시설을 등에 업고 '럭셔리' 이미지를 키우고 있는데다, 상가 비율까지 줄면서 수익률이 크게 개선되고 있다.

주상복합상가의 주거 및 상업시설 비율은 현재 90%대 10%다. 종전 30%였던 상업시설 비율이 대폭 줄었다. 주상복합상가를 주로 이용하는 입주민 비율이 늘어나는 대신 상가면적이 줄어 상가의 수익률이 높아졌다.

다만 모든 곳이 그렇다는 건 아니다. 서울시의 경우 부도심으로 육성하고 있는 용산권 · 영등포권 · 청량리권 · 영동권 · 상암권 등 5개 권역의 도시환경정비사업구역 내 주상복합 단지가 먼저 적용되고 있다.

곳곳에 대단지 주상복합 아파트가 많이 들어서는 점도 주상복합상가의 전망을 밝게 만드는 요인이다.

타워팰리스와 같은 '명품' 주상복합이 서울 용산 · 여의도 등지뿐만 아니라 판교, 동탄, 송파, 파주 등 2기 신도시 중심 지역에도 들어서게 된다. 고급 수요층이 몰리면서 주상복합상가가 고급 소비지대로 변신할 가능성을 엿보게 하고 있다.

건물 입주자에 대한 의존도가 높아 업종 선택이 중요하다

사업시행자 입장에선 주상복합 단지 개발은 '꿩 먹고 알 먹는' 사업이다. 우선 상업지역이라 용적률이 높게 주어지기 때문에 초고층 빌딩 건립이 가능하다. 일반적으로 용적률이 600~1000% 주어진다. 땅을 효율적으로 쓸 수 있다는 얘기다. 주거공간으로 꾸밀 경우 상대적으로 인기가 떨어질 수밖에 없는 지하 1~지상 3층을 상가로 지어 '로열층'으로 변신시킬 수도 있다.

소비자 입장에서 주상복합상가를 고를 때는 지역 특성과 건물 내 주거 비율, 평형 구성, 입주자 성향 등을 꼼꼼하게 살펴야 한다. 특히 건물 내 입주자에 대한 의존도가 대단히 높기 때문에 업종 선택이 중요하다.

우선 건물 내 상가 비율을 따져보자. 가급적 상가 비율이 낮은 곳이 안전하다. 독점성을 최대한 보장받을 수 있기 때문이다. 예컨대 같은 주상복합상가 내에 치과가 두 곳 생긴다면 서로 경쟁관계가 형성되기 때문에 수익률이 떨어질 수밖에 없다. 서울 중구 B 주상복합의 경우 입주 개시 1년이 지났어도 빈 상가가 많다. 상가 비율이 워낙 높아서다.

다만 '백화점식 쇼핑몰' 구성이 가능할 경우엔, 상가 비율이 다소 높아도 괜찮다. 전문 테마가 구성되고 주거 부분과 분리할 수만 있다면 상가가 밀집해 있는 게 오히려 손님을 끌어 모으는 집객 효과를 높일 수 있다. 고급 의류점이나 전문 음식점이 같은 주상복합상가 내에 밀집해 있다면 외부 유인 효과가 적지 않다.

단지내 상가와 마찬가지로 1층 전면부 상가가 간판 가시성이 좋고 유동인구 유입 효과가 높기 때문에 가격이 비싸더라도 수익성 면에서 가장 낫다.

주상복합 아파트의 단지 규모는 클수록 좋다. 세대수가 많아야 상가 유입인구가 늘어나기 마련이다.

주상복합상가의 경우 주거동과 상가동을 분리해 지을 수 있게 되면서 상품가치가 다소 높아졌지만, 애초부터 상권 활성화를 크게 기대하기 어려운 상품이다. 주상복합 아파트 자체가 일반 상업 지역에 지어지기 때문에 주변 상권이 이미 형성되어 있는 경우가 많아서다. 그만큼 업종 선택이 어렵다.

아파트 내 기본 수요층이 두텁지 못한데다 근린상가에 비해 전용률도 낮은 편이다. 엘리베이터, 주차장, 복도 등 공용시설이 많이 차지하는 탓이다.

따라서 기존 상권과의 거리와 업종 간 조화를 잘 살펴야 한다. 주상복합이 재래시장 등 기존 대형 상권을 재개발한 것이라면 크게 문제될 게 없다. 하지만 순수 개발형 주상복합의 경우 기존 상권에 밀릴 우려가 있다.

직접 발로 뛰면서 투자하라

투자에 앞서 직접 발품을 많이 파는 것은 기본 중의 기본이다. 체크리스트는 △실제 전철역·버스정류장과 얼마나 떨어져 있는지 △단지내 아파트뿐만 아니라 주변 아파트에서 걸어서 얼마나 걸리는지 △인근에 대형 상가나 백화점이 추가로 들어설 가능성은 없는지 등이다. 요즘엔 건물 지하와 지하철역을 연결하는 곳이 많은 만큼 이런 곳을 눈여겨볼 필요가 있다. 건물 외부의 유동인구를 흡수해 상권을 활성화하기에 좋다.

상가개발업체들이 주상복합상가를 분양하면서 '임대수입 보증서'를 많이 발급해주고 있다. 임대수입 보증서는 상가공급업체가 임차인 확보 여부와 관계없이 투자자들에게 일정기간 임대수입을 보장해 주겠다는 일종의 약정서다. 예컨대 '향후 5년간 연 12% 확정수익률 보장'과 같은 문구를 계약서에 명시한다는 것이다.

하지만 이 같은 임대수입 보증서를 맹신해선 곤란하다. 확정 수익률을 제시하더라도, 그 수익률만큼 이미 분양가에 포함돼 있기 마련이다. 보증서에서 제시된 수익률 역시 취득·등록세와 등기비용, 금융비용 등 각종 부대비용을 누락시키는 경우가 대부분이다.

임대수입 보장기간 후 상가 공실에 대한 책임은 분양자가 고스란히 떠안을 수밖에 없다. 특히 신축 상가의 경우 초기 상권 활성화 시기를 놓치면 임대수입 보증은 무의미해진다.

일부 주상복합상가는 아예 단지내 상가로 둔갑하기도 한다. 단지내 상가가 주상복합상가보다 안정적일 것이란 믿음이 많기 때문이다. 특히 상가 초보 투자자들은 복합상가가 아파트 내에 있기 때문에 단지내 상가로 혼동하기 쉽다. 단지내 상가는 일반 아파트(판상형) 내 지원시설을 말하기 때문에 주상복합상가와 엄연히 구분된다.

이런 상가는 피하세요!

'떨이'에 나선 상가들로 인해 공급적체 현상까지 빚어지고 있다. 이런 때일수록 '피해야 할 상가'를 꼭 알아두자.

우선 과장광고 유형을 조심해야 한다. 독점입지를 구축하고 있다거나 상당한 시세차익이 예상된다는 등 투자자를 현혹할 우려가 있는 문구를 사용하는 곳이 꽤 많다.

'표시·광고의 공정화에 관한 법률'에 따른 필수 표기 항목인 건축허가 취득 여부와 대지 소유권 확보 여부는 물론 분양대금 관리 방법, 분양 물건의 용도·규모·지번 등의 표기를 준수하지 않는 업체도 상당수다.

유동인구가 50만~100만 명이라고 과대표기하거나 '국내 최초' '세계적'이란 모호한 표현을 쓰는 곳도 많다. 전 매장 임대 확정과 해외 유명브랜드가 입점한다고 소개하는 상가도 한둘이 아니다.

상가후분양제 시행 이후 제도의 허점을 이용한 편법 분양도 기승을 부리고 있다. 이들은 후분양을 피할 수 있는 3000㎡(907.5평) 이하만 선분양한 후 나머지 면적을 임대하는 방식을 동원하고 있다. 선분양 대금으로 토지대금과 건축비 등을 지급해야 하

는 시행사들이 중도에 부도를 낼 경우 투자자들이 고스란히 손해
를 떠안을 수밖에 없다.

휴양과 투자의 두 마리 토끼,
개별형 펜션

개별형 펜션이란

호텔형 민박시설을 말한다. 개인이 경관이 좋은 곳에 집을 짓고
직접 전원생활을 하면서 운영하는 숙박시설이다. 서양식 설비와
구조를 갖춘 점이 우리나라의 전통 민박집과 다르다. 펜션이란 용
어는 원래 연금(pension)에서 파생된 말로, 서구에서 은퇴 후 이를
경영하며 여생을 보내는 사람들이 많아 이 같은 이름이 붙었다.

개별형 펜션_ 전원생활을 즐기면서 고정수입을 얻기에는 펜션 만한 게 없다.

구상순 씨(50)는 2007년 초 경기도 가평지역에서 객실 3개(각 12평)를 갖춘 펜션을 개장했다. 구 씨가 펜션 사업을 위해 투자한 비용은 총 2억 7500만 원. 우선 펜션을 지을 부지 1653㎡(500평)을 3.3㎡(1평)당 20만 원씩 1억 원을 주고 매입했다. 펜션 시공비로 1억 4000만 원을 더 썼다. 여기에다 냉장고, 주방용품 등 객실 비품비 2000만 원, 조경비 1000만 원, 인허가 비용 500만 원 등이 추가됐다.

구 씨가 요즘 매달 펜션 사업으로 벌어들이고 있는 수익은 약 350만 원. 이 중 각종 공과금과 예약대행업체에 지불하고 있는 수수료 등 110만 원을 제외하면 순수익은 240만 원 정도다. 이를 연간 수익률로 환산하면, 총 2880만 원으로 투자비 대비 연간 수익률은 9.55%에 달한다. 저금리 상황임을 감안하면 상당히 괜찮은 수익률이다.

돈도 벌고 전원생활도 즐기고 일석이조

전원생활을 꿈꾸는 사람들이 많지만 가장 큰 벽은 바로 '고정수입'이다. 시골에 내려가면 마땅히 할 일을 찾기 힘든 탓이다. 과거에 도로변에 식당을 차리는 사람이 많았지만, 손이 너무 많이 가기 때문에 전원생활의 의미가 퇴색해 버리기 일쑤였다. 호젓한 전원 속 생활을 꿈꾸다가 음식점 일이 바빠지면서 중노동을 호소하는 사람들이 의외로 많다.

구 씨의 경우처럼, 펜션 운영은 전원생활을 하면서 수익을 올릴 수 있는 좋은 아이템이다. 특히 1~2동짜리 개별형 펜션은 자연 속에서 여유로운 삶을 즐기며 생활비용까지 충당하려는 사람들에게 적당하다.

요즘엔 단지형 전원주택을 4~5채 매입한 뒤 일부를 펜션으로 운영하는 사람들이 증가하는 추세다. 펜션 4~5실을 주말 위주로 운영할 경우 월 매출만 해도 최소 400만~500만 원에 달한다. 펜션 운영을 겸하면 전원생활을 즐기면서 소일거리로 돈도 벌 수 있어 일석이조인 셈이다.

주5일 근무제가 확대되면서 펜션 수요가 늘고 있는 점도 매력이다. 2011년엔 종업원 20명 미만의 사업장까지 주5일 근무제가 의무화된다.

본인이 직접 펜션에 거주하면서 운영하고 관리하기 때문에 손님들과 인간적인 교류도 할 수 있다. 펜션 운영을 통해 발생하는 객실 수입도 본인이 모두 챙길 수 있다. 위탁운영 수수료를 내지 않아도 된다는 이야기다.

하지만 객실이 한정돼 있고 부대시설이 다양하지 못하기 때문에 단체 손님이나 2박3일 여행 등 다양한 여행객의 욕구를 충족시키는 데 한계가 있다. 예약 관리와 홍보 · 마케팅도 쉽지 않다.

개별형 펜션은 본인이 직접 거주하며 운영해야 하므로 은퇴 후 전원으로 내려가는 꿈을 갖고 있는 사람들에게 알맞다. 다만 펜션 관리를 위해선 어느 정도의 노동을 각오해야 한다. 본인이 부지 선정에서부터 인 · 허가, 건축, 인테리어까지 모두 책임져야 하는 것도 부담이다. 다만 최근에는 이 같은 과정을 상담 또는 대행해주는 컨설팅업체들이 있기 때문에 이를 적극 활용할 만하다.

요즘에는 대부분의 펜션 예약이 인터넷을 통해 이뤄진다. 펜션을 다 지은 후 인터넷 예약환경을 갖추는 것이 필수다. 펜션의 주수요층이 젊은층이기 때문에 인터넷 홍보는 특히 중요하다. 직접 웹사이트를 구축할 수 없을 경우 인터넷 예약대행업체를 통하는 것도 한 방법이다.

입지선정에서 설계 및 시공, 홍보 · 마케팅까지

펜션 투자는 입지선정, 설계 및 시공, 홍보 · 마케팅 등 3박자의 아귀가 맞아야 수익성을 극대화할 수 있다.

입지여건은 관광지 주변의 조용하고 경치 좋은 곳을 골라야 한다. 특히 여름 및 겨울 성수기에 성패가 좌우되기 때문에 성수기를 공략할 수 있는 주변 여건이 갖춰져 있는지 먼저 살펴야 한다. 대규모 축사나 공장 등 혐오시설이 없는지, 전기나 수도 등 기반시설 이용이 가능한지도 꼭 확인해야 할 부분이다.

준농림지나 자연녹지의 경우 건축인허가 여부를 따져보고 도로와의 접근성도 점검해야 한다. 지역 주민과 마찰이 없는 위치를 선택하는 것도 고려할 요소다.

설계 및 시공은 방음과 사생활 보호 등 기능성을 고려해 통나무나 황토 등 자연친화적인 소재를 사용하는 게 좋다.

좀 더 여윳돈이 있다면 고급 펜션 운영도 생각해 볼 일이다. 하룻밤 숙박비로 50만~100만 원씩 쓸 수 있는 고급 수요층이 늘고 있기 때문이다. 건축비가 일반 펜션보다 2~3배 높지만, 1~2개 동만으로도 수익성이 괜찮다. 상대적으로 손도 덜 가는 편이다. 다만 건축 후 마케팅이 관건이다.

경기 가평군 대성리의 보르도 펜션과 양평군 목왕리의 보보스 펜션, 파주군 마장리의 화이트밸리, 강원 평창군 면온리의 휘겔하임 등이 대표적인 사례다.

펜션으로 활용할 만한 전원주택은 주로 수도권과 강원도에 집중돼 있다. 경기도에선 가평·양평지역이 대표적인 곳이다. 약 40km에 달하는 그림 같은 북한강을 끼고 있어 환경이 뛰어나다.

청평댐 위쪽 호명리, 복장리, 이화리, 금대리 등에 펜션형 전원주택 부지가 폭넓게 분포돼 있다. 다만 가평 등 일부지역은 상수원수질보전권역에 해당되기 때문에 민박업 외에 숙박업 허가가 나기 힘들다. 무리하게 8실 이상 운영하려다 인허가가 나지 않아 고전할 수도 있는 만큼 주의해야 한다.

강원도에선 평창·횡성지역이 전원주택 및 펜션의 '메카'로 손꼽힌다. 사람이 살기에 가장 쾌적하다는 '해피 700(해발 700m)'으로 유명한 평창에선 흥정계곡 안에만 100동 이상의 펜션이 들어서 있다. 횡성엔 330만 5800㎡(100만평) 규모의 종합관광휴양단지(횡성리조트타운) 조성사업이 호재이다. 이 지역 땅값은 수도권보다 2~3배 낮은 편이다.

아시아의 알프스로 불리는 대관령 자락 평창에선 495만 8700㎡(150만평) 규모의 알펜시아 리조트가 단계적으로 조성되고 있는데, 이 근처에도 펜션이 많다. 제2영동고속도로 및 서울~원주 간 복선전철 개통 등으로 수도권과의 거리가 단축되고 있다.

충남에선 안면도 일대가 전원주택지로 각광을 받고 있다. 서해안고속도로 덕분에 교통여건이 개선됐고, 천혜의 자연환경을 갖추고 있다. 해수욕장 인근 땅값이 가장 비싸다.

펜션, 숙박업 등록하기

Key Point

- 민박 등록 시 1200만 원 소득세 감면혜택이 없다.
- 종합소득세 및 부가가치세를 납부해야 한다.
- 2톤 이상의 오수처리시설을 갖춰야 한다.
- 건물은 방염자재로 지어야 한다.

수도권 호화 펜션 가보니

서울에서 경춘국도를 이용해 청평 방면으로 40~50분 달리다 보면 북한강을 배경으로 왼편에 별장 같은 펜션이 한 눈에 들어온다. 경기 가평군 대성리에 있는 보르도 펜션이다. 펜션 뒤로 산자락이 병풍처럼 휘감고 있다. 661㎡(200평) 규모의 잔디 정원엔 노송 5~6그루가 손님을 맞이하고 있다.

실내에 들어서면 화가인 주인장이 가져다놓은 아기자기한 장식품들이 예술적인 분위기를 자아낸다. 1·2층 모두 전면 통유리로 마감해 멀리 청평댐에서 양수리까지 북한강 줄기를 내다볼 수 있다. 그림 같은 풍광이 천연대리석으로 깐 바닥이나 멋들어진 샹드리에, 초대형 평면TV 등을 오히려 초라한 소품으로 만들고 있다. 이 펜션의 하룻밤 숙박비는 100만 원이다.

하룻밤 숙박비가 100만 원 안팎에 달하는 호화 펜션은 이 펜션 외에도 많다. 모두 고급 수요층을 겨냥한 '특별한' 상품들이다.

1박당 90만 원인 화이트밸리는 산세가 뛰어난 박달산 조망권이 일품이다. 부지면적이 약 2645㎡(800평)에 달하며, 1동에 5개의 고급 객실이 있다. 주로 일산에 거주하는 주부들의 골프모임이나 회갑연 등의 용도로 사용되고 있다.

펜션 이용객들 가운데 주류는 대기업 임원이나 의사, 변호사 등 전문직 종사자 가족이다. 10~20명 정도의 워크숍 용도로 활용되거나 드라마 또는 광고 촬영 장소로 제공되기도 한다.

숙박비가 특급 호텔보다도 비싸기 때문에 일반 펜션과 달리 손님 중 젊은 연인들은 드문 편이다. 하지만 고급 펜션을 빌려 '프로포즈'를 하려는 낭만파들도 종종 볼 수 있다.

주말엔 대개 손님들로 꽉 차지만 주중엔 비어있는 경우가 많다. 펜션 가동률만 놓고 보면 연 20~30% 정도 된다. 정원에 운치 있는 연못이 있는 펜션도 꽤 된다. 이런 곳은 잔디 정원이 넓어 결혼식 또는 결혼피로연 등을 여는 데도 안성맞춤이다. 이태리산 소파 등 고급 수입자재들로 치장한 실내에 홈바와 영화감상실을 기본으로 갖추고 있다.

호화 펜션의 건축비는 일반 펜션보다 2~3배 높은 평당 600만 ~900만 원이다. 숙박비가 비쌀 수밖에 없는 이유다. 대개 건평 231~298㎡(70~90평)의 복층 구조다.

고급 펜션 중에는 원래 가족 별장을 펜션으로 바꿔 운영하는 곳이 많은 것으로 알려져 있다.

주5일제를 겨냥한 틈새 부동산,
단지형 펜션

단지형 펜션이란

관광지 주변 등 경관이 좋은 곳에 자리 잡고 있는 단지 형태의 펜션이다. 개별형 펜션보다 규모가 크기 때문에 위탁 운영을 맡기기에 좋다. 마케팅 효과도 높은 편이다.

단지형 펜션 _ 단지형 펜션은 전문업체에 위탁 운영을 맡길 수 있다.

중소기업 부장인 송 모 씨. 서산 앞바다에 있는 펜션을 3채 분양 받았다. 송 씨는 이 펜션을 운영하는 업체로부터 석 달에 한 번씩 운영 수익금을 송금 받고 있다. 수수료를 떼고 나면 연수익률이 4~5% 안팎이다. 썩 만족스럽지는 않지만 일 년에 수차례 가족들과 펜션 나들이를 가는데다, 회사에서 당장 해고돼도 일거리가 있다는 생각에 위안을 삼고 있다.

직접 운영하지 않고도 돈을 버는 펜션

단지형 펜션은 보통 30동 이상 최대 200동 가량의 대규모 펜션 타운으로 구성된 단지다. 부동산 개발업체가 땅 작업 직후부터 분양에 나서는 게 보통이다. 펜션 운영을 아예 대행업체에 맡기기 때문에 투자수익만을 추구하는 방식이다. 물론 펜션 소유자는 운영 업체와의 사전 계약에 따라 연중 일정기간 무료 숙박이 가능하다.

단지형 펜션에 투자하기 위해선 농어촌 민박지정제에 대해 알아둘 필요가 있다. 농어촌정비법 시행령·시행규칙 개정안이 시행되면서 농어촌 민박 규모에 대한 허용기준이 주택 연면적 150㎡ 이하로 변경됐다.

따라서 어느 정도 규모를 갖춘 단지형 펜션은 숙박업 등록요건을 갖춘 후 숙박업 신고를 마쳐야 영업이 가능하다.

숙박업 등록을 한 뒤 펜션을 운영할 경우 1가구 2주택 중과세 대상에서 제외된다. 주택이 아니라 호텔과 같은 숙박업소로 인정받을 수 있어서다. 다만 상업지역이나 계획 관리지역에서만 숙박업 등록이 가능하기 때문에 경관이 좋은 녹지에선 단지형 펜션이 등장하기 어렵다.

단지형 펜션은 개별형 펜션의 단점을 보완하기 위해 등장한 방식이다. 단지내에 편의시설이나 놀이시설, 휴식시설 등을 넣을 수 있어 독자 생존이 가능한 모델이다.

투자자 입장에서는 직접 운영관리를 하지 않기 때문에 현업을 유지하면서 일정한 수입을 올릴 수 있고, 개발에 따른 투자수익까지 노릴 수 있다. 하지만 개별형 펜션에 비해 투자대비 수익률이 낮은데다 매각 또는 임대할 때 협의 과정을 거쳐야 하기 때문에 번거롭다.

단지형 펜션은 직접 거주 목적이 아니므로 저렴한 비용으로 별장을 한 채 갖는다는 생각으로 접근하는 게 바람직하다. 콘도미니엄처럼 구좌나 객실 분양을 하는 펜션들도 생겨나고 있지만, 건축물 및 대지를 개별 등기해 재산권을 보장해 주는 단지에 투자하는 게 안전하다.

분양업체가 내세우는 높은 수익률에 현혹돼선 안 된다. 객실 판매 수익률은 연 15~20% 정도이기 때문에 운영관리비 등을 제외하고 투자자에게 돌아가는 수익은 높게 봐도 연 10%를 넘기 어렵다. 연 7~8% 수준만 나와도 썩 괜찮은 편이다.

지나치게 많은 수의 펜션이 들어서면서 쾌적성이 훼손되지는 않는지 눈여겨봐야 한다. 일부에선 '빌라형 펜션'이란 이름으로 다닥다닥 붙은 형태의 펜션 단지를 분양하기도 하는데, 이런 곳은 저가의 콘도시설과 다를 바 없다.

법적 규제와 주변 여건을 꼼꼼히 확인한다

무엇보다 안전한 투자를 위해서는 현장답사를 통해 부지의 상태와 공사 진행 상황을 살펴보자. 또 해당 관청에서 인허가 여부를 확인하는 것이 좋다. 펜션 분양을 위한 모델하우스가 따로 없기 때문에 현장을 찾는 방법 외에 뾰족한 수가 없다. 교통은 편리한지, 펜션까지의 진입로는 수월한지 등 주변 여건을 봐야 한다.

위탁업체에 운영을 맡길 경우 자금관리에 문제가 생길 우려가 있다. 업체별 자금관리 시스템을 꼭 확인해야 한다. 자금조달이 투명하고, 임대수입이 바로 입금될 수 있는지도 점검해야 한다.

펜션을 짓다가 부도나거나 중도에 인허가 문제가 생길 수 있기 때문에 펜션사업을 오랫동안 해왔거나 전문 노하우를 갖춘 업체인지 확인해야 한다. 실제로 강원도 횡성이나 평창지역에선 건축 과정에서 부도가 발생해 현장이 그대로 방치된 펜션 단지를 여러 곳에서 볼 수 있다.

법적 문제가 없는지도 항상 주의를 기울여야 할 부분이다. 오·폐수 처리시설을 갖춘 정화조 시설과 화재예방을 위한 소방시설까지 모두 갖춰야 하기 때문이다. 개보수가 필요하면 분양업체를 통해 필요한 조치를 미리 해둬야 한다.

주거지역이나 상수원보호구역 등 숙박시설이 들어설 수 없는 지역에 이미 지어진 대규모 펜션은 숙박업 신고도 할 수 없다. 사실상 영업이 불가능하다는 이야기다. 특히 지방에서는 토지이용계획 확인원에 나와 있지 않지간, 지방자치단체의 내규로 개발허가를 내주지 않는 곳이 의외로 많다. 더욱 꼼꼼한 확인작업이 필요하다.

단지형 펜션을 고를 땐 무엇보다 입지가 가장 중요하다. 임대수익률과 직결되는 것도 바로 입지다. 성수기 때는 객실 가동률이 높아 수익률이 괜찮게 나오지간, 비수기만 되면 텅텅비는 펜션이 적지 않다는 사실을 알아둬야 한다.

농어촌정비법 개정 내용

Key Point

- 모든 펜션의 민박 등록 의무화
- 연면적 150㎡(45평) 이하만 신규 민박 등록 가능
- 객실 수 7실 이하만 민박 가능하다는 규정은 삭제
- 2006년 5월 이전에 민박 영업하던 곳은 연면적 제한 없음

유령 펜션 피하는 법

여름 휴가철마다 펜션 예약대행을 사칭하는 '유령' 펜션업체들이 어김없이 등장한다. 이들은 펜션 예약 사이트를 만들어 놓은 후 고객들로부터 선금을 받아 가로채는 수법을 쓰고 있다. 유령 펜션을 피할 수 있는 방법을 소개한다.

- 관할세무서에 사업자등록이 돼 있는지 확인하라. 펜션 숙박비용 결제가 90% 이상 전자결제로 이뤄지고 있다. 따라서 통신판매업 신고를 마친 업체여야 실제로 존재하는 회사다.

- 시중은행과 연계된 계좌이체가 가능해야 한다. 은행과 연계한 금융시스템은 공신력 확보의 필수적인 요소다. 회사 계좌로 무통장 입금만을 요구하면 사기 가능성이 있다.

- 지방자치단체에 펜션이 실제 존재하는지 문의하라. 각 지자체에선 펜션 사기를 막기 위해 해당 펜션이 영업 중인지 여부를 알려주고 있다.

- 사용자의 이용후기와 약도를 확인하라. 펜션을 이용했던 사람들이 게시판에 올리는 이용후기를 살펴볼 필요가 있다. 댓글이 많이 올라올수록 믿을 수 있다. 유령 펜션의 경우 이용후기 자체가 없는 경우가 많다.

도시 거주자들을 위한
주말농장

주말농장이란

　도시민이 도시에서 멀지 않은 곳의 농지 가운데 경치가 좋은 경작지를 매입하거나 빌려 주말 또는 휴일에 농사를 짓는 땅이다. 가족 단위로 채소 등을 직접 가꾸면서 전원생활을 체험할 수 있어 인기다.

주말농장_주말농장을 매입하면 가족들과 주말마다 밭을 가꾸는 재미가 쏠쏠하다.

대기업 상무인 김진표 씨(51)는 매주 금요일만 되면 가슴이 설렌다. 주말에 경기도 포천의 주말농장으로 내려가 농사를 지을 수 있을 것이란 기대 때문이다. 김 씨는 포천의 한적한 곳에 밭 826㎡(250평)과 소형 농가주택을 한 채 마련해 주말마다 이곳에서 시간을 보내고 있다. 처음에 손이 덜 가는 콩을 먼저 심었다가 차츰 각종 채소를 재배하고 있는데, 그 재미가 만만치 않다. 주말을 꼬박 이곳에서 보낸 다음 일요일 저녁에야 서울로 돌아오는 생활이 벌써 2년째다.

중소기업 과장인 고민석 씨(39) 역시 최근 강원도 화천지역에 주말농장을 마련했다. 텃밭을 일구기 위해 주말농장 인근의 주말형 전원주택도 전세로 빌렸다. 대지 298㎡(90평), 건평 661㎡(20평)짜리 농가주택으로, 전세금은 2000만 원이다. 고 씨는 주말마다 아내와 자녀들을 데리고 이곳을 찾아 농사를

짓고 있다. 향후 수년 안에 고 씨 손으로 멋진 전원주택을 짓
는 게 목표다.

주말농장을 매입하면 여러 모로 유리하다

김 씨나 고 씨와 같은 '주말농장파'가 급속히 늘고 있다. 주5일
근무제가 정착되고 있는데다 정부도 농촌경제 활성화를 위해 도
시민들의 주말농장 취득을 장려하고 있기 때문이다.

도시민이 주말농장을 매입할 땐 여러 모로 유리하다. 우선 농림
수산식품부는 농촌경제 활성화를 위해 도시민의 주말농장용 농지
취득을 최대 1000㎡(약 302평)까지 허용하고 있다.

주말농장은 양도소득세 중과(60%) 대상에서 제외되는 장점도
있다. 여기에다 건평 150㎡(45평), 대지면적 660㎡(200평), 기준시
가 7000만 원 이하의 농가주택을 매입할 경우 기존 도시에 주택을
한 채 갖고 있더라도 1가구 1주택 비과세 혜택을 그대로 유지할
수 있다.

주말농장용 농지에 신축하는 33㎡(9.98평) 이하의 주말체험 농
가주택에 대한 농지보전부담금도 50% 감면되고 있다. 농지보전부
담금이 종전의 조성원가(㎡당 1만 300원~2만 1900원)에서 공시지
가의 30%로 바뀐 데 따른 것이다. 때문에 공시지가 상대적으로
높은 수도권보다 강원도, 충청도 등 시가와 공시지가 차이가 큰 지

역의 주말농장이 더욱 유리하다. 다만 농림수산식품부 장관이 정하여 고시하는 기준에 따라 시장·군수·구청장의 추천을 받아야 한다.

도시민은 농가주택을 미리 구입해 놓은 다음 농촌에 직접 거주하지 않더라도 한국농촌공사를 통해 전업농에게 5년 이상 임대하면 농지를 취득할 수 있다. 물론 농업경영계획서를 작성해 읍·면장에게 농지취득자격 증명서를 발급받아야 하는 등 절차가 까다로운 것은 사실이다.

토지 이용의무기간은 농지가 2년, 임야는 3년

토지거래허가구역 내 주말농장을 매입한 뒤 이용계획대르 땅을 활용하지 않으면 이용의무기간 중 땅값(취득가액)의 10%를 매년 이행 강제금으로 납부해야 한다는 사실을 명심해야 한다. 허가구역 내 토지의 이용의무기간은 △농지는 2년 △임야는 3년 △개발사업용 토지는 4년 △기타 토지는 5년이다.

즉 토지 이용의무기간이 2년인 농지를 원래 목적대로 사용하지 않으면 2년간 매입가격의 10%씩 모두 20%, 이용의무기간이 3년인 임야는 3년간 10%씩 모두 30%의 이행 강제금이 부과된다는 이야기다. 기타 용지는 50%까지 부과된다.

정부는 사후관리 방안으로 이행 강제금과 함께 토파라치(신고

토지허가구역 내 토지 이용의무기간 어떻게 되나	
본인 거주용 주택 용지 (완공된 전원주택 포함)	6개월 → 3년
복지시설 · 편의시설용 토지	6개월 → 4년
농업용 토지	6개월 → 2년
축산 · 임업 · 어업용 토지	1년(임야) → 3년 생산물이 없는 경우엔 5년
개발사업용 토지	6개월 → 4년 분양 목적으로 허가받은 경우엔 제외
대체취득용 토지	2년(신설)
현상보전용 토지 (하천, 도로 부지)	6개월 → 5년

포상제) 제도를 시행 중이다. 지방자치단체 외에, 포상금을 노린 주민 신고도 무시할 수 없게 됐다. 물론 투자가치보다 전원생활을 꿈꾸면서 미리 주말농장을 가꾸고 싶은 사람이라면 별 문제가 되지 않는다.

주말농장을 가꾸다 보면 주변 지역 개발로 땅값 상승에 따른 짭짤한 덤(투자수익)까지 챙길 수 있다. 운이 따라줘야 하겠지만, 정부의 개발계획만 잘 챙긴다면 그리 어려운 일만도 아니다.

토지규제에는 어떤 것들이 있나

- 부재지주의 농지, 임야, 목장용지 비사업용 토지 등에 대해 양도세 60% 로 중과
- 장기보유 특별공제 혜택도 배제(3년 이상 보유할 때 10~30%)
- 농지의 경우 재촌(실거주)과 자경(직접 영농) 규정을 지켜야 세금 중과 제외
- 토지거래허가구역 내에서 전 세대원이 해당 지역에 1년 이상 거주해야 토지 취득
- 허가구역 내 농지의 경우 취득 후 2년, 개발사업용 토지는 4년, 임야는 3년간 전매금지

국토종합계획에 '비밀'이 있다

부동산 재테크에 관심 있는 사람이라면 제4차 국토종합계획 수정계획안을 꼼꼼히 뜯어볼 필요가 있다. 국토개발의 큰 틀이 이 계획안을 중심으로 이뤄질 예정이기 때문이다. 국토개발계획은 특히 토지 시장에 만만치 않은 영향을 끼칠 전망이다.

4차 국토종합계획은 전국을 '7+1(제주)'의 다핵형 경제권역으로 재편해 지역특성에 따라 자립·발전할 수 있도록 한다는 것이 골자다. 수도권 중심의 1극 구조에서 탈피해 수도권·지방의 균형발전을 꾀할 수 있는 구조다.

가장 큰 특징은 남북접경지역 평화벨트 3단계 조성 방안, 국가 균형발전 전략, 저소득층·노인·장애우 등 사회약자를 위한 복지정책을 2020년까지의 국토개발 전략에 반영한 것이다. 특히 '접경지역 평화벨트'는 비무장지대와 가까운 파주, 철원, 고성, 백령도 등을 경제·관광부문 등의 남북협력벨트로 개발하려는 장기 구상이다.

그렇다면 4차 국토종합계획(수정안)이 완료되는 2020년 우리 국토는 어떤 모습으로 바뀔까. 2020년에는 우리나라 전체 인구(4995만명 추정)의 95%가 도시지역에 거주할 것으로 보인다.

11% 안팎(2003년 말 기준)인 농·어촌 등 비도시지역의 상당수가 도시지역으로 탈바꿈한다는 이야기다.

수도권 인구 비중은 2020년 47.5%로 지금과 크게 달라지지 않는다. 과거 10년 단위로 수도권 인구 증가율이 5~8%에 달했다는 점을 감안하면 증가 추이 자체가 사실상 멈추게 된다는 점에 주목할 필요가 있다.

고속도로의 총 연장은 6000km로, 지금(2778km)보다 2배 이상 늘어난다. 이를 위해 정부는 남북 7개축과 동서 9개축의 격자형 고속도로망을 구축할 방침이다. 철도의 복선화율도 80%(2003년 32.3%)로 높아져 수송 분담률이 크게 올라간다.

경부·호남고속철도와 기존 철도노선의 연계작업은 물론 수도권 서부~광양을 잇는 서남선 철도건설도 추진된다. 이렇게 되면 2020년 철도 총 연장은 5000km(2004년 말 기준 3374km)로 늘게 된다.

국토종합계획에 담긴 기본 방향과 전략 등은 시·도나 시·군별 계획의 뼈대가 된다. 지역계획 및 교통·환경 등 부문별 계획도 이를 반영해 상충되지 않게 짜야 한다.

월세 받기 좋은
오피스텔

오피스텔이란

간단한 주거시설을 갖춘 업무시설이다. 업무공간이 50% 이상이
어야 한다. 역으로 주거공간이 50%를 넘을 수 없다는 뜻이다. 주
거겸용이지만 법적으로는 '주택' 이 아니다.

오피스텔 _ 역세권 오피스텔은 소액 투자가 가능하면서도 임대료를 받기가 좋다.

은행 지점장인 김 모 씨는 서울 강남에 오피스텔 3실을 보유하고 있다. 주택에 대해 토유세와 양도세가 강화되자, 주택 대신 오피스텔에 투자한 것이다. 이들 오피스텔로부터 나오는 수익률은 각각 연 10% 선. 은행 예금 금리보다 훨씬 더 높다. 더구나 오피스텔에 대한 임차수요가 몰리면서 임대료가 껑충 뛰고 있다. 김 씨는 매년 10~15%씩 임대료를 올리고 있다.

오피스텔에 대한 오해

'평균 4855대 1.'

2007년 초 청약을 받은 인천 송도국제도시 내 C건설의 오피스텔 경쟁률이다. 123실의 청약자를 모집한 결과, 전국에서 5조 3000억 원의 청약자금이 몰렸다.

당시 오피스텔이 이처럼 청약 과열현상을 빚은 것은 '송도'란 배경 외에 상품 자체의 특수성 덕분이었다. 오피스텔은 주택법이 아닌 건축법 적용을 받기 때문에 각종 전매제한 규제에서 완전히 벗어나 있다. 보유세나 양도세 등 절세 효과도 뛰어나다. 각종 규제로부터 자유로운 완벽한 틈새상품인 셈이다.

하지만 많은 경우 오피스텔은 투자수익보다 임대수익형 상품의 성격이 훨씬 강하다. 일부 핵심 지역을 제외하고 투자성 자체가 그다지 높지 않은 탓이다.

2005년 서울 중구의 D오피스텔을 매입했던 이진구 씨(35). 당시 주거용 오피스텔이 아파트 규제를 피해 큰 인기를 끌 때였다. 이 오피스텔(당시엔 '아파텔'로 불렸음) 82.7㎡(25평)짜리를 매입하면서 △청약통장을 사용할 필요가 없는 점 △부가가치세 환급을 받을 수 있는 점 △아파텔이 틈새상품으로 부각되면서 투자수익을 노릴 수 있는 점 등이 마음에 들어 선뜻 계약했다. 하지만 시장 상황은 금세 변하기 시작했다.

오피스텔은 '주택'이 아니라서 청약통장조차 쓸 필요가 없었지만, '주거용'으로 사용될 경우엔 각종 주택관련 세금을 물어야 한다는 보도가 잇따랐다. 부가가치세 환급을 고정적으로 받았지만, 이 부분이 이미 분양가에 포함돼 있었다는 사실도 뒤늦게 깨달았다. 이나마 사업자등록증이 있어야 가능했기 때문에 이 씨는 편법으로 등록증을 만들어야 했다.

설상가상 오피스텔에 붙어있던 프리미엄(웃돈)이 급락하기 시작했다. 한때 분양가 대비 2000만~3000만 원까지 웃돈이 붙었지만, 단순히 호가에 불과했을 뿐 팔기조차 쉽지 않았다. 입주가 시작되자 공급과잉까지 겹쳐 분양가 이하의 매물이 속출했다. 이 씨는 결국 분양가보다 500만 원 싸게 이 오피스텔을 되팔 수밖에 없었다. 금융비용과 기회비용까지 감안할 경우 이 씨는 최소 2000만 원 이상 손해를 본 것으로 계산하고 있다.

이 씨의 실패는 오피스텔을 '오해' 했기 때문이다. 즉 오피스텔은 장기보유에 따른 투자수익브다 고정임대수입을 노릴 수 있는 틈새 재테크 상품이란 점을 간과했다.

오피스텔은 상가와 같이 실물경기의 신호등 역할을 하는 상품이다. 경제상황을 가장 민감하게 반영하는 부동산 상품이다.

업무용인지 주거용인지 따져보고 투자하라

어원은 '오피스(Office)' 와 '호텔(Hotel)' 의 합성어에서 나왔다. 오피스의 업무기능과 호텔의 주거기능이 합쳐진 상품이란 뜻이다. 즉 주거기능(체류)도 분명 있지만, 이 경우 주택으로 간주되기 때문에 일반 아파트처럼 원칙적으로 주택관련 세금이 부과된다. 주거용 오피스텔을 업무용으로 사용하고 있다고 신고했다가 적발될 경우, 3년 이하의 징역에 처해지거나 5000만 원 이하의 과태료를 부과 받을 수 있다.

　주거용 오피스텔은 1가구 2주택에 포함돼 양도세 중과 대상에도 해당된다. 다만 정부가 실제 거주 여부를 일일이 확인할 길이 별로 없다는 게 오피스텔 소유자들로선 '불행 중 다행'이다.

　오피스텔은 전용률(건물면적 대비 실제로 사용할 수 있는 공간)이 보통 아파트의 70% 수준에 그친다. 같은 평수라면 실거주 면적이 좁을 수밖에 없다. 실수요자들이 주거 목적으로 오피스텔을 기피하는 이유다. 환금성도 떨어진다.

　오피스텔에는 또 발코니(통상 베란다)를 설치할 수 없다. 발코니를 두면 불법이다. 창문을 일반 아파트처럼 활짝 열지 못하기 때문에 환풍이나 채광 면에서 불리하다. 2004년 6월 이후엔 오피스텔 바닥에 온돌을 시공할 수도 없게 됐다. 화장실에 욕조를 두는 것도 안 된다. 여러모로 주거 목적으로 사용하기에 부적합한 시설이다.

　다만 2007년부터 전용면적 50㎡(15평) 이하의 중소규모 오피스텔에 한해 바닥 난방이 허용됐다. 소형주택에 대한 전셋값 불안을 우려한 정부의 고육지책이었다.

　이런 한계에도 불구하고 오피스텔이 갖고 있는 장점까지 무시할 필요는 없다. 도심권 오피스텔을 업무용으로 보유할 경우 투자 수익이 높은 것은 아니지만, 고정임대수입은 꽤 짭짤한 편이다. 특히 경기가 어느 정도 회복세를 보이면 맨 먼저 수익률이 올라가는 상품이 바로 오피스텔이다. 안정적인 임대수입이 가능하며, 상황에 따라 임대료를 올리기에 수월한 상품이기도 하다.

오피스텔을 업무용으로 임대하면 양도세 중과도 피할 수 있다. 주택을 2채만 갖고 있어도 양도차익의 절반 이상을 내야 하는 것과 다르다. 다만 임차인의 사업자등록증과 사무용임을 보여주는 임대차계약서 등 증빙서류를 제출해야 한다.

오피스텔은 입지와 규모에 따른 양극화가 심한 임대수익형 상품이다. 따라서 주변 상황 점검은 필수다. 중심 업무지구에 속하는 업무용 오피스텔을 선별 투자하는 게 안전하다.

강남, 광화문, 여의도, 마포, 목동 등 업무 밀집지역이 유망하다. 특히 역세권 여부가 중요하다. 지하철이나 거대 상권이 있다면 다소 비싸더라도 이런 곳이 안전하다. 또 고속철도 역사 주변의 개발지역이나 인천경제자유구역은 장기적으로 촉망받는 지역이다.

현장답사에 나설 때는 현지중개업소를 돌면서 연 7~8% 이상 고정수입이 가능한 지를 직접 따져봐야 한다.

오피스텔에 청약할 때는 청약통장이 필요하지 않다. 청약 증거금으로 500만~3000만 원 정도 준비하면 된다. 총부채상환비율(DTI) 규제에서도 자유롭다. 재당첨 제한에 걸리지 않아 다른 아파트 청약에 지장을 받지 않는다.

이동평균선을 구하라

부동산, 특히 주택상품을 사고팔 때는 '타이밍'이 무엇보다 중요하다. 부동산은 주식과 같이 등락을 거듭하는 '투자상품'이기 때문이다. 이런 점에서 아파트 값 추이를 주식처럼 분석하는 투자방식은 언제나 유용하다. 바로 이동평균선을 구하는 일이다.

부동산 정보업체인 부동산뱅크는 1988년 이후 축적한 아파트 가격 데이터베이스(DB)를 이동평균선에 적용, 적정 매도·매수 시점과 미래가격 예측에 활용하고 있다.

이동평균선은 전체 평당 평균가격과 3·6·12개월 평균치가 따로 표시돼 있다. 이 가운데 평당가 선이 3·6·12개월 평균치 선을 '위에서 아래로 내려올 때'가 바로 매도 타이밍이다. 이른 바 '데드 크로스(dead cross)'다.

반대로 평당가 선이 3·6·12개월 평균치 선을 아래에서 위로 치고나갈 때는 매수 타이밍이다. 즉 '골든 크로스(golden cross)'인 셈이다.

전국 집값 이동평균지수 분석

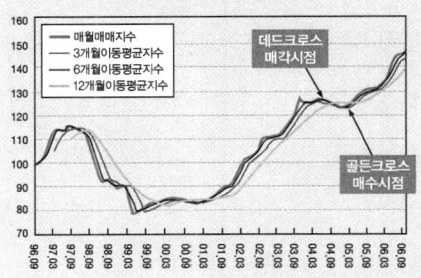

자료출처_부동산뱅크

이동평균선을 보면 외환위기 직전인 1997년 11월은 매도 타이밍, 외환위기를 조금씩 극복해나가는 1998년 8월은 매수 타이밍으로 나타난다. 이후 2004년 11월 역시 매수 타이밍이었던 것으로 분석된다.

같은 방법으로 강남구 대치동의 선경1차 102.5㎡(31평형)을 분석해 봤다. 1988년 10월부터 2005년 4월까지 16년 반 동안의 매매가격과 전세가격 변화를 통한 매수·매도 시기는 다음과 같다.

1991년 말 ~ 1992년 초	→	매도
1994년 여름	→	매수
1998년 봄	→	매도
1999년 가을	→	매수
2004년 가을	→	매도

실제 이 같은 전략을 취했을 때 투자자들은 많은 돈을 벌 수 있었을 것이다. 좀 다른 얘기지만, 만약 이 아파트를 1988년 10월에 샀다면 매매가 상승률을 복리로 환산할 경우 16년 반 동안 연평균 13.7%의 수익을 올린 것으로 파악된다. 하지만 1991년 4월에 샀다면 14년 동안의 연평균 상승률은 7.4%에 그친다. 같은 기간의 채권 수익률에도 못 미치는 셈이다.

부동산과 같은 장기 투자대상도 매매시점의 선택이 가장 중요하다는 사실을 알려주는 사례다.

큰손들은
업무용 빌딩을 좋아해

업무용 빌딩이란

상업지역에 들어서 있는 오피스빌딩이다. 전에는 기업들이 사옥으로 활용하거나 임대사업을 위해 매입했지만, 요즘엔 개인들이 투자 목적으로도 많이 매입하는 추세다.

업무용 빌딩_외국계 기업들이 국내 시장에 많이 진출하면서 업무용 빌딩 가격이 치솟고 있다.

서울 강남구에 거주하는 주부 이 모 씨는 절친한 친구와 30억 원씩 부담해 공동으로 강남 테헤란로 주변의 한 오피스빌딩을 매입했다. 당초 여윳돈을 상가에 투자하려 했지만, 강남역 부근에 삼성타운이 조성된다는 소식을 듣고 업무용 빌딩으로 생각을 돌렸다. 매입한 지 1년도 안 돼 테헤란로 일대 오피스빌딩의 임대료가 치솟으면서 이 씨가 친구와 같이 매입한 빌딩의 가격은 1.5배가량 상승한 상태다.

정부 규제를 완벽하게 피해갈 수 있는 부동산

부자 고객들만 상대하는 은행 프라이빗뱅커들 사이에선 종종 업무용 빌딩(오피스) 매입경쟁이 벌어지곤 한다. 부유층 고객들이

너도나도 중소형 빌딩을 원하기 때문이다.

경기 회복에 따른 투자수익뿐만 아니라 안정적인 고정수입까지 올릴 수 있는 상품이 바로 업무용 빌딩이다. 특히 정부 규제의 칼날을 완벽하게 피해갈 수 있는 틈새상품이기도 하다.

서울 중심 지역 역세권의 중소형 빌딩은 4~5층 규모에 연면적 661㎡(200평) 내외를 기준으로 가격이 50억 원대를 훌쩍 넘어서는 게 보통이다. 하지만 가격만 높을 뿐 연수익률을 따져보면 5%에도 미치지 못하는 물건이 많다. 규모가 큰 중소형 빌딩에 투자할 땐 수도권 택지개발지구나 도시외곽의 매물이 오히려 더 많은 수익률을 안겨줄 수도 있다.

요즘엔 사무실 단위로 분리해 분양하는 방식이 늘면서 일반 투자자들의 기회도 확대되고 있다. 수익률은 일반상가보다 연 1~2%포인트 떨어지는 게 보통이지만, 임대수요가 좀 더 안정적이고 세입자 분쟁도 적은 편이다.

오피스 분양은 대개 33㎡(10평)에서 661㎡(200평)까지 다양하다. 소비자 입장에서 원하는 만큼 떼어 매입하는 방식이다.

개별 사무실을 분양받을 때는 우선 분양 계약률을 확인할 필요가 있다. 분양대행업자에게 물어보면 대부분 분양완료가 임박했다고 설명할 게 뻔하다. 주변 중개업소 등을 통해 실제로 얼마나 분양이 이뤄졌는지 확인해야 한다. 당연히 분양률이 높을수록 투자가치가 높다. 투자계층도 실수요가 많은지, 가수요가 많은지를 구분해야 한다.

다음으로 시공·시행사 실적과 분양보증서를 확인한다. 건물 준공 때까지 적어도 1~2년의 시간이 소요되기 때문에 업체가 공사도중 부도나면 계약금과 중도금을 떼일 수 있다.

입주 후에는 마음을 조급하게 가질 필요가 없다. 안정적인 임대수요가 발생하기 위해선 일정 기간이 지나야 하는 게 보통이다.

지하철 역세권, 5년 안팎의 건물을 노려라

특히 중소형 업무용 빌딩은 입지가 가장 중요한 만큼 큰 도로를 접하고 있거나 이면도로와 바로 접하고 있으면 좋다.

뭐니뭐니 해도 지하철 역세권이 최고다. 그 중에서도 사거리 코너에 위치하고 있다면 가장 좋다. 상가를 낀 업무용 빌딩은 공실률이 낮고 매각할 때도 환금성이 좋은 편이다. 따라서 근린상가를 끼고 있는 중소형 빌딩이 유리하다.

초기 분양 또는 매입이 아니라면, 준공 후 5년 안팎의 물건을 매입하는 게 좋다. 5년 전후 건물의 경우 감가상각을 많이 받아 싼값에 살 수 있으며 임차인도 대부분 안정돼 있다. 다만 건물 안에 주택이 있다면 1가구 2주택 적용을 받을 수 있기 때문에 일단 피하는 게 낫다.

업무용 빌딩의 경우 15년 정도 지나면 누수 등 구조적인 결함이 발생할 가능성이 높아진다. 따라서 노후 건물을 매입할 때는 시설 관련 전문가와 꼭 사전에 점검하는 과정이 필요하다.

빌딩을 통째로 매입할 때는 은행 프라이빗뱅커(PB)나 부동산 컨설턴트 등 전문가 그룹의 자문을 받는 게 가장 확실한 방법이다.

자금이 부족하거나 혼자 투자하기에 위험이 너무 높다고 판단되면 5~10명의 지인들끼리 일정액씩 갹출, 공동 투자에 나서는 것도 고려해볼 만하다.

다만 사전에 꼭 합의해둘 사항들이 있다. 아무리 친한 사이라 하더라도 무작정 밀어붙였다가 신뢰도 깨지고 금전적인 손해까지 볼 수도 있기 때문이다.

공동 투자에 나설 때는 우선 투자 목적과 원칙을 미리 정해 놓아야 한다. 중도에 이견이 생길 수 있는 상황을 충분히 가정해야 한다는 얘기다. 여의치 않을 땐 전문가를 찾아 공동 자문을 받는 것도 좋은 방법이다.

실무를 책임질 대표를 선정하는 일도 중요하다. 대표자에게 업무수행 권한을 몰아줘야 혼란과 시간 낭비가 적다. 합의된 사항에 대해선 공증을 해놓고, 투명하게 회계를 공개하는 것도 분쟁을 줄이는 길이다. 아예 별도 법인(부동산임대업 법인)을 설립하는 방법도 생각해볼 수 있다.

다만 개인별로 지분등기를 낼 경우 투자자 한 명의 채무 문제가 불거졌을 때 지분 전체에 압류나 가등기가 설정될 수 있다. 이렇게 되면 추후 해당 물건을 되팔기가 쉽지 않게 된다.

헷갈리는 '평'과 '평방미터'

정부가 주택 면적을 표시하는 단위를 종전의 '평'에서 법정 계량단위인 '평방미터(㎡)'로 표시키로 하면서 웃지 못할 사연들이 많다.

경기 의왕시에 거주하는 강 모씨는 최근 35평형 새 아파트를 장만했다. 하지만 친구가 살고 있는 28평형 아파트를 둘러본 뒤 의문을 품지 않을 수 없었다. 35평형과 28평형의 면적이 비슷해 보였기 때문이다. 강 씨는 자신과 친구 집의 등기부등본을 비교해 본 후에야 두 아파트의 전용면적이 85㎡로 같다는 사실을 알게 됐다. 강 씨는 애매모호한 평형이란 표현 때문에 같은 면적의 아파트를 2000만~3000만 원이나 더 주고 매입한 꼴이라고 분통을 터뜨렸다.

학술연구기관의 남 모 연구원은 250억 원 규모의 건물 설립에 대한 원가계산을 하다 30억 원의 오차가 난다는 사실을 발견하고 식은 땀을 흘렸다. 현장 근로자들이 법정단위인 ㎡ 대신 평을 사용한 게 원인이었다.

서울 답십리1동의 홍 모 씨는 태국 푸켓으로 휴양주택을 보러 갔다. 4100㎡ 규모의 13만 달러짜리 주택이 눈에 들어왔다. 하지만 얼마나 넓은지 도무지 감을 잡을 수 없었다. 평이란 단위에 익숙한 우리나라 사람들만 이런 혼란을 겪고 있다는 게 홍 씨의 설명이다.

우리나라에선 평이란 단위가 익숙하다. 하지만 국제 표준인 평방미터 사용을 더 이상 늦출 수 없는 게 현실이다. 실제로 여의도 총 면적을 260만평이라고 표현하면 도무지 감을 잡을 길이 없다. 하지만 가로 4㎞, 세로 2.1㎞라고 쓰면 알아듣기 쉽다. 제도 정착까지 시간이 걸리겠지만, 평방미터 단위에 하루빨리 익숙해지는 게 여러 모로 유리하다.

온 가족의 휴식처,
콘도

콘도란

휴양 콘도미니엄(Condominium)의 줄임말이다. 원래는 공동 소
유권을 뜻하는 말이다. 동일한 자산을 여러 사람이 나누어 공유하
는 소유권 형태라는 얘기다. 호텔과 같은 휴양 숙박시설이지만 객
실 안에서 취사가 가능하다는 점이 호텔과 다르다. 관광객을 위한
자체 놀이시설 등이 갖춰진 곳이 많다.

콘도_콘도 하나만 있으면 온 가족이 즐겁다.

경기도 분당에 거주하는 정승구 씨는 4~5개월마다 온 가족과 동해안으로 떠난다. 바다를 보며 푹 쉬기 위해서다. 정 씨는 동해바다에서 차로 5분 거리의 콘도미니엄을 소유하고 있다. 휴가철 성수기에도 숙소를 구하기 위해 애쓸 필요가 없다. 처음 구입 당시보다 콘도 가격이 하락했지만, 이곳에만 오면 근심걱정이 사라지기 때문에 별 불만이 없다.

투자가치보다 이용가치가 우선이다

콘도는 부유층이 한때 골프회원권과 함께 1~2개쯤 갖고 있어야 할 부동산이었다. 외환위기 전후로 인기가 급락했지만, 최근 주택 관련 세금을 피할 수 있다는 사실이 알려진데다 '럭셔리' 콘도까지 속속 등장하면서 인기를 회복하는 중이다.

콘도는 크게 종합리조트형과 체인형으로 구분된다. 종합리조트형 콘도는 워터파크, 스키장, 온천 등 다양한 부대시설을 갖춘 숙박시설이다. 주5일 근무제의 정착 이후 종전의 체인형 콘도(여러 지역에 분산된 숙박시설)를 급속히 대체하고 있다. 단순히 잠만 자고 오는 형태가 아니라 다양한 부대시설을 즐기려는 실속파들이 늘고 있기 때문이다. 따라서 실속 면에선 체인형보다 종합리조트형 콘도를 구입하는 게 낫다.

콘도는 투자가치보다 이용가치를 먼저 고려해야 한다. 기본적으로 '투자상품'은 아니란 얘기다. 하지만 잘만 선택하면 고정임대수입뿐만 아니라 일정한 투자수익까지 올릴 수 있다.

콘도를 매입할 땐 △구좌당 회원수가 지나치게 많지는 않은지 △콘도 운영업체가 신뢰할 만한 곳인지 등을 따져봐야 한다. 단순히 가격만 보고 저가 콘도회원권을 샀다가 계약기간이 끝난 다음 부도나 재정악화를 이유로 회사 측이 입회금을 제때 돌려주지 않는 경우가 종종 발생한다. 또 단순 이용권을 저가의 회원권인 것처럼 버젓이 파는 경우도 있기 때문에 주의해야 한다.

구좌당 회원수의 경우, 10~20명을 넘어서는 곳이 적지 않다. 하지만 구좌당 회원수가 10명만 넘어도 성수기 등 제때 예약하기 힘들다는 사실을 알아야 한다.

체인형 콘도를 선택할 땐 직영이 많은지 꼭 확인하자. 직영점이 많을수록 제대로 관리가 이뤄지기 때문이다. 한화리조트, 대명리조트 등은 직영체인이 많은 대표적인 곳이다.

전용객실은 취득세, 보유세, 양도소득세 부담이 없다

일반적으로 콘도 가격은 66~99㎡(20평형)대가 3000만~4000만 원, 40평형대가 6000만~7000만 원대다. 하지만 콘도 전용객실을 선택하면 가격이 4~5배 비싸다. 전용객실이란 한 사람에게만 이용권이 부여되는 콘도다. 공동시설 형태이지만, 개인 별장처럼 쓸 수 있어 부유층들로부터 인기를 모으고 있다.

특히 콘도 전용객실은 세금 중과세를 피할 수 있는 틈새상품이 기도 하다. 전용 이용권을 분양 받는 방식이기 때문에 취득세 외에 보유세 및 양도소득세 등의 부담이 전혀 없다.

환금성 면에서도 개별적으로 전원주택을 소유하는 것보다 나은 편이다. 여러 사람과 객실을 공유하지 않기 때문에 독립된 공간에서 아무 때나 투숙할 수 있다는 점도 매력이다.

콘도 전용객실 가격은 66~99㎡(20평형)대가 1억 5000만 원을 훌쩍 넘어서고 있지만, 매물이 많지 않은 편이다. 그만큼 희소성이 높다. 기흥골드CC 내 87평짜리 아펠바움 콘도(전용객실)의 경우 실당 가격이 25억 원에 육박하고 있다.

전용객실을 고를 땐 반드시 연 관리비 수준을 함께 따져봐야 한다. 고급 전용객실의 경우 연 관리비만 1000만 원을 넘어서는 게 일반적이다. 관리비는 돌려받지 못하는 돈이기 때문에 연간 이용 횟수가 적다면 그만큼 손해다.

전용객실을 포함해 일반 콘도회원권을 거래할 때는 에이스회원권거래소와 같은 회원권거래소를 이용하면 된다. 이런 곳을 통해 콘도의 시세변화도 수시로 체크할 수 있다.

콘도 매물은 한꺼번에 쏟아지지 않는 특징이 있다. 단기간 가격이 올랐다고 해서 그게 정확한 콘도 가격이라고 말할 수 없다. 다만 가격 하락기엔 수백만 원 정도 추가 할인이 가능하다는 점만 알아두자.

콘도를 구입하기 전에는 반드시 해당 지역의 콘도를 직접 답사하는 게 중요하다. 단순히 체인 수만 많다고 선택할 일이 아니다. 자신이 이용하고 싶은 지역에 있는지, 관리가 제대로 되고 있는지 등을 직접 눈으로 확인해야 한다.

요즘엔 친구나 친척들끼리 돈을 모아 공동으로 콘도 객실을 매입하는 사례도 늘고 있다. 이럴 경우 한 객실을 이용할 때 사전 협의가 쉬워지는 장점이 있다.

콘도는 뭐니뭐니 해도 서울 및 수도권에서 멀지 않은 곳이 유리하다. 스키장 등 레저시설에 인접해 있는 곳이라면 더욱 좋다. 편히 쉬면서 즐길 수 있는 곳이 제격이기 때문에 휴양기능도 꼭 살펴봐야 할 점이다.

콘도 구입할 때 체크할 사항

Key Point

- 구좌당 회원수가 10명 미만인가
- 운영업체의 부도 위험은 없나
- 회원권이 아니라 단순 이용권은 아닌가
- 연 관리비 수준은 얼마인가
- 자주 이용해도 질리지 않을까
- 관리가 제대로 되고 있나
- 직영 콘도가 충분히 확보되어 있나

꿩도 먹고 알도 먹고

'특급호텔' 매입이 일부 여유 계층 사이에서 유행처럼 번지고 있다. 평소 호텔을 개인 콘도처럼 이용할 수 있고, 이용하지 않는 기간에는 수익률로 환산해 돌려받는 신종 재테크 상품이란 인식이 확신되면서부터이다.

부산 해운대 광안리 해수욕장을 끼고 있는 N호텔. 총 329실 규모의 이 호텔은 각 호실을 개별 분양한 결과 부산·경남 및 수도권 고객들의 호응을 얻었다. 이 호텔의 초기 분양가는 3.3㎡(1평)당 750만~1610만 원이다. 주변 콘도 시세보다 다소 낮은 가격으로 책정되었다.

개인이 각 호실을 분양받은 후 20년간 호텔 운영회사에 위탁하는 방식이다. 호텔 운영회사는 소유주가 연 180포인트(일) 사용할 수 있는 권리를 주고, 이용하지 않는 기간에는 객실을 운영해 수익금의 80%를 매분기(3개월)마다 배당한다. 나머지 20%는 장기 수선 충당금으로 적립한다. 호텔 측의 예상 수익률은 연 5% 선이다. 이용 가능한 180포인트 중 비수기 주중에 객실을 이용할 때마다 1포인트씩 빼고, 성수기 주말엔 최고 7포인트를 제하게 된다. 객실 이용료는 고급 콘도와 같이 6만~7만 원 선이다.

객실을 매입한 고객은 분양 계약과는 별도로 호텔 시설을 저렴하게 이용할 수 있다. 사우나 등의 시설 이용료는 무료이며, 2000만 원에 달하는 휘트니스 센터 입회금 등도 면제받는다. 호텔 레스토랑 등을 이용할 때는 10~20%의 상시 할인 혜택도 받는다. 종부세나 1가구 2주택 중과세 규제를 피할 수 있는 것은 물론이다.

이 호텔 객실은 바다의 조망 여부에 따라 분양률에 큰 차이가 났다. 바다가 보이는 고층 객실은 가격이 비싸도 먼저 분양이 마감되었다.

사실 이 같은 호텔 분양은 외국에선 드물지 않다. 호텔 운영회사 측은 객실을 판매해 리모델링이나 시설 확충 자금을 마련하고, 분양 계약자는 호텔 이용과 부동산 투자의 두 마리 토끼를 노리는 방식이다. 국내에서도 특급호텔 분양이 더 많아질 가능성이 높다. 앞으로 호텔을 이용할 때는 각 호실의 주인이 따로 있다는 점도 염두에 둬야 할 것 같다.

아파트형 공장도
투자상품이다

아파트형 공장이란

한 빌딩 안에 여러 공장이 한꺼번에 입주할 수 있는 건축물을 말한다. 도시의 비싼 토지를 효율적으로 이용할 수 있는 방법이다. 네덜란드에서 1947년 처음 등장한 것으로 알려져 있다. 공해가 없는 전기, 전자, 제어, 출판 등의 업종이 많이 입주한다. 입주기업의 종업원들이 건물 내 편의시설이나 상가 등을 공동으로 이용하는 형태다.

아파트형 공장_아파트형 공장
이 틈새 재테크 상품으로 뜨고
있다.

'계란을 한 바구니에 담지 말라.' 유주현 씨에겐 이 격언이
보통 신경 쓰이는 게 아니었다. 수도권에 상가를 3개나 보유하
고 있었기 때문이다. 추가로 투자할 만한 부동산을 물색하던
그는 우연히 서울 구로구의 아파트형 공장 분양 광고를 보게
됐다. 일단 상담을 받아보기로 했다. 상담 결과 유 씨는 대단
히 만족스러웠다. 일단 분양가격이 일반 상가보다 저렴했다.
준공 후 기업체 임대도 비교적 쉬울 것으로 예상됐다. 그는 50
평을 매입하는 계약서를 썼다. 유 씨가 기대하는 수익률은 연
10% 정도다.

경기가 불황일 때 관리비가 싼 아파트형 공장이 유리하다

재테크 상품으로서의 아파트형 공장은 잘 알려져 있지 않다. 공
급 자체가 많지 않기 때문이다.

아파트형 공장은 크게 상가와 오피스로 구분할 수 있다. 아파트형 공장상가의 경우 분양가가 일반 아파트의 단지내 상가보다 훨씬 저렴하다는 게 매력 포인트다.

아파트형 공장에서 내부 상가면적의 비율은 대개 20~30%다. 법률상 총 공장면적에서 근린생활시설이 차지하는 비중은 최대 30%(반대로 제조시설 비중은 70% 이상)다. 외부정원에 해당하는 공개 공지는 건물별로 5% 미만이다.

아파트형 공장의 상가는 빌딩 규모에 따라 30~100평 규모로 쪼개진다. 빌딩 지하 1층이나 지상 1~2층에 위치하는 게 보통이다. 일반 상가와 똑같이 소유자가 직접 운영하면서 권리금 프리미엄까지 기대할 수 있다. 전매제한 규제가 없어 언제든지 되팔 수 있다.

서울 구로동 디지털산업단지를 기준으로 아파트형 공장의 상가 분양가를 살펴보면, 지상 1층이 평당 평균 1000만~1500만 원 사이다. 지하 1층과 지상 2층은 이 가격의 절반 수준이다.

서울이나 수도권의 일반 아파트 단지내 상가 분양가가 평당 3000만 원 선이란 점과 비교되는 대목이다.

아파트형 공장의 오피스 역시 투자대상이다. 벤처기업이 입주할 경우 '산업집적 활성화 및 공장 설립에 관한 법률(산집법)'에 의거, 취득세와 등록세가 100% 면제되는 혜택이 주어진다. 다만 입주 후 5년 동안 사고파는 행위(전매)가 제한된다.

아파트형 공장 오피스의 관리비는 일반 빌딩보다 훨씬 낮은 편이다. 아파트형 공장이 밀집한 서울 구로구를 기준으로 평당 5000원 정도에 불과하다. 서울 테헤란로 주변 빌딩의 평당 관리비(대략 3만 원 선)의 6분의 1 수준이다. 관리비가 싸다는 점만 놓고 보면 '불황기 틈새상품'이라고 할 수 있다. 경기가 불황일수록 기업들이 관리비가 저렴한 아파트형 공장으로 이전하려 할 테니 말이다.

대부분의 아파트형 공장이 선분양되고 있지만, 초기 계약률은 높지 않은 편이다. 아파트형 공장에 대한 일반인들의 '투자 마인드'가 아직 형성되지 않은 탓이다.

대개 계약금 10%, 중도금 20%, 잔금 70%의 비중이다. 잔금 비중을 높게 잡고 있다. 잔금 비중이 높은 이유는 서울시 등 자치단체의 저리 지원 자금 융자가 가능하기 때문이다.

아파트형 공장은 일반적으로 13~15층 높이로 지어진다. 이 경우 벤처 제조업체 120~130개가 입주할 수 있는 규모다. 입주 인구는 대략 1000~1200명이다. 공장 근무자 대부분이 상가의 주고객이 된다. 차별화된 업종을 선택할 경우 인근지역 제조업체에 종사하는 유동인구까지 확보할 수 있다.

요즘엔 외부 조경이나 내부 인테리어를 일류 호텔급으로 만든 아파트형 공장이 선보이고 있다. 분수대나 연못 등은 기본이고 화장실에 양치질 전용공간을 설치한 건물이 적지 않다. 옥상에 골프

퍼팅장과 인라인 연습장, 족구장 등을 설치하고 나무와 잔디를 깔아 하늘정원 형태를 갖추기도 한다.

통합방범 시스템이나 무인안내 시스템, 초고속 정보통신망 등 첨단기능도 많이 들어간다. 그러면서 자연스럽게 집객 효과가 이전보다 훨씬 높아졌다.

국내 아파트형 공장은 서울의 경우 구로구 디지털산업단지에 밀집해 있다. 서울 지하철 2호선 구로공단역 인근 1단지에 30여 개, 가리봉역 인근 2단지에 10여 개, 3단지에 20여 개가 각각 자리 잡고 있다. 아파트형 공장에 유사 업종이 모일 경우 업체들 간 시너지 효과도 기대할 수 있다.

평과 평방미터 전환법

평방미터를 평으로 바꿀 땐 평방미터에다 '0.3025'를 곱하면 된다. 반대로 평을 평방미터로 환산할 땐 평에다 '3.3058'을 곱해야 한다. 즉 평방미터가 평보다 세 배가량 넓은 개념이다.

계산기가 없을 땐 어림짐작으로 세 배를 곱한 다음 조금 더 붙여주면 된다. 만약 100평을 평방미터 기준으로 환산한다면, 300㎡로 계산한 다음 20~30㎡ 정도 더 붙여 주자. 정확하게는 330.58㎡이지만 말이다.

평 = 평방미터(㎡) × 0.3025

평방미터(㎡) = 평 × 3.3058

(예) 100평은 100 × 3.3058 = 330.58㎡

전문가가 투자해주는 절세상품, 부동산 펀드

부동산 펀드란

부동산에 투자해 수익을 내는 간접투자상품이다. 다수의 투자자들로부터 자금을 모아 부동산을 매입, 개발, 처분한 뒤 이를 투자자에게 배당하는 방식이다. 부동산 사업을 하려는 기업에 대출을 해주거나 부동산 관련 증권에 투자하기도 한다.

'부동산 불패신화'를 믿고 있는 홍종식 씨. 하지만 참여정부의 세금중과 정책 때문에 부동산 추가 매입을 주저하고 있다. 아파트나 땅을 매입해봤자 양도세를 내고 나면 남는 게 없을 것이란 판단을 하고 있다. 홍 씨는 대신 부동산 펀드로 눈을 돌렸다. 펀드를 통해 부동산을 매입하지만 세금 걱정을 할 필요가 없다. 홍 씨가 시중은행에서 가입한 부동산 펀드의 예상 수익률은 연 12% 선. 은행 예금 이자보다 두 배 이상 높다.

세금부담이 적고 누구나 쉽게 할 수 있다

부동산 펀드는 정부의 부동산 투자 규제 이후 인기가 크게 높아진 상품이다. 실물 부동산의 세금부담이 크게 늘어난 반면 부동산 금융상품의 경우 취득세와 등록세를 50% 감면받고 투자한 부동산을 매각할 때 양도차익이 발생해도 소득세(15.4%)만 내면 된다.

즉 부동산 펀드는 절묘한 절세상품인 셈이다.

전문가가 대신 운용(투자)해주기 때문에 직접 투자에 비해 위험이 적으며 정기예금보다 적어도 연 3~4%포인트 높은 수익률을 기대할 수 있다. 500만~1000만 원대의 소액투자도 가능해 일반 투자자들이 손쉽게 접근할 수 있다.

부동산 펀드는 유형별로 임대형, 대출형(PF), 개발형, 경매형, 해외부동산형 등으로 구분할 수 있다. 펀드를 어떻게 굴리느냐에 따라 나눈 유형이다.

임대형 펀드는 사무용 빌딩 등을 펀드 운용회사에서 매입한 뒤 이를 임대하여 수입을 얻고 가격이 오른 시점에 되팔아 시세차익을 올린 다음 배당하는 방식이다.

대출형 펀드는 오피스텔, 상가, 아파트 등을 건설하는 데 필요한 자금을 대출 형식으로 빌려주고 미리 정한 금리를 받아 투자자들에게 배당한다.

경매형 펀드는 법원 경매나 공매에 참가해 부동산을 낙찰 받은 뒤 임대수입을 얻거나 매각해 수익을 올리는 형태다. 운용사의 전문성이 가장 요구되는 펀드다. 얼마나 싼 값에 매입하느냐, 운용회사가 충분한 인력과 전문성을 갖추고 있느냐가 수익률에 직접적인 영향을 미친다.

부동산 펀드는 원금보장이 되지 않는 투자상품이다. 운용기간이 2~5년 정도의 중장기이며, 중도 환매가 금지되는 점도 유의할 점이다.

유형별 투자 전략을 세워라

대부분의 부동산 펀드는 개발사업에 대출해주는 대출형(PF) 펀드인데, 이런 펀드의 경우 대상 물건, 시공사의 신용등급, 회사채 이자율이나 차입금, 부동산 개발과 관련된 인허가 사항 등을 확인해야 한다.

펀드가 투자한 부동산 프로젝트가 초기 분양에 실패하면, 투자금 회수가 늦어지거나 오히려 원금을 까먹을 수도 있다. 하지만 분양 시장이 좋을 때는 기대수익이 상대적으로 높다. 건설회사의 지급보증 등 채권 확보에 대한 최소한의 안전장치가 마련돼 있는 것도 장점으로 꼽힌다.

빌딩이나 상가 등을 매입해 임대수익을 배분해 주는 임대형 부동산 펀드의 경우 투자기간이 최소 5년 이상이다. 따라서 이런 펀드 매입을 고려하고 있다면 경기흐름을 예의주시할 필요가 있다.

빌딩 임대수익이 갈수록 호전되고 있는 상황이지만, 보유세 강화의 직격탄을 임대형 펀드도 피할 수 없다. 즉 펀드가 운용하고 있는 실물 부동산 물건들의 보유세가 합산 과세돼 초과 누진세율이 적용된다. 종합부동산세도 내야 한다. 전체 세금이 늘어난 만큼 개인들의 투자수익이 줄어드는 것은 자명한 일이다.

관심이 높아진 해외부동산 펀드의 경우 환율 변동에 대한 안전 장치가 있는지, 운용회사가 믿을 만한지 등을 먼저 확인해야 한다.

부동산 펀드에 투자할 때는 건저 펀드 약관과 상품설명서를 잘 살펴보자. 펀드운용 방식과 투자 목적, 투자 대상 물건과 환매 가능 시기, 수수료율, 안전장치 등을 점검할 필요가 있다.

특히 상품 자체는 물론 자산운용사가 풍부한 경험을 갖고 있는지도 따져봐야 한다. 부동산 분야의 펀드 매니저는 다른 금융상품의 펀드 매니저와 달리 별도의 전문성이 요구되기 때문이다.

또 다른 부동산 간접투자상품인 리츠와 달리 부동산 펀드는 회사설립에 따른 시간이 많이 소요되지 않는 게 특징이다. 단지 펀드 판매 전에 감독 기관인 금융감독원의 사전인가만 받으면 되기 때문에 상품 출시도 빨리 이뤄지는 편이다.

Real estate

해외에 세컨드하우스
마련해 볼까, 해외부동산

해외부동산이란

국내 투자자들이 매입하고 이용할 수 있는 해외의 모든 부동산
을 통칭하는 개념이다. 일반적으로 해외의 주택(콘도미니엄), 상
가, 오피스 등이 해당된다.

해외부동산_요즘은 경치 좋은 교외 대신 해외에 세컨드하우스를 마련하는 사람이 많다.

서울 삼성동에 사는 주부 강 모 씨(53). 고등학교 동창 모임에서 친구들이 종부세가 얼마나 나왔느니, 양도세를 얼마 내야 한다느니 야단이었지만 걱정하지 않았다. 남들이 투자 목적으로 유망 지역 아파트를 토러 다닐 때 강 씨는 위험분산 차원에서 중국 상하이의 주택을 매입했다. 중국 주택 시장이 고속 성장을 하면서 투자수익이 벌써 50%를 넘어선 상태다. 국내엔 강 씨가 살고 있는 주택 한 채뿐이니 별로 세금을 걱정할 필요가 없다.

투자수익과 절세 효과를 동시에 얻는다

해외부동산에 대한 관심이 높다. 해외 투자의 물꼬가 확 트였기 때문이다.

현재 해외부동산을 매입할 때는 액수 제한이 없다. 기획재정부는 2008년 6월 '외국환 거래규정' 개정안을 마련해 종전에 300만 달러였던 투자 목적의 해외부동산 취득한도를 아예 없앴다. 실제 거주 목적의 해외부동산 취득 땐 이전에도 송금 제한이 없었다.

해외부동산 취득자금을 현지 부동산업체나 변호사를 통해 송금하거나 본인 명의의 해외계좌에 우선 송금(해외 예금)한 뒤 매도인에게 지불할 때 한국은행에 신고할 필요도 없다.

종전까지는 제3자를 통해 해외에 송금하거나 본인 명의의 해외계좌에 입금(5만 달러 초과)한 뒤 다시 매도인에게 대금을 지불할 경우에는 의무적으로 한국은행에 신고해야 했다.

다만 해외부동산 취득을 위해 송금업무를 처리한 시중은행(외환팀)에서 간단한 신고서류를 작성해야 한다. 또 사후관리 강화 차원에서 해외부동산 임대계약서 등 투자운용 내역서를 매년 제출해야 한다.

정부가 해외투자를 유도하는 것은 환율 및 국내 주택가격 불안 때문이다. 국내유동성의 물꼬를 해외로 돌려 원화가치를 낮추고 동시에 국내 집값을 안정시키겠다는 것이다. 해외부동산을 통해 두 마리 토끼를 잡겠다는 복안인 셈이다. 때문에 해외부동산에 대한 투자 규제가 갈수록 완화될 가능성이 높다.

실수요자 입장에서도 해외부동산 투자는 '두 마리 토끼' 다. 투자수익은 투자수익대로 거두면서 절세 효과까지 얻을 수 있기 때문이다. 해외에 주택을 몇 채 갖고 있건 다주택자에 대한 양도소득세는 물론 보유세(종합부동산세 포함) 중과 대상에서도 제외된다. 보유기간에 대한 제한 역시 없다.

예컨대 양도세의 경우 시세 차익에 대해선 현지 국가에 세금을 납부한 다음 국내에서 우리나라의 양도세 규정에 따라 다시 세금을 내야 하는데, 이때 해외에서 낸 양도세를 공제받을 수 있다. 다만 해외 세법에 따른 양도세 금액이 클 경우 국내 세법에 의한 양도세 초과분에 대해 환급해 주지 않고 있다.

해외부동산에 투자하는 방법은 다양하다. 가장 손쉬운 방법으로 뮤추얼펀드 형태의 부동산 투자회사인 리츠(REITs)를 통해 간접투자할 수 있다. 안정성 면에선 직접투자보다 나은 편이다.

해외 현지의 한인 중개업소나 국내 체인점을 통해 해외 주택이나 상가를 직접 고를 수도 있다. 서울 강남권 등지의 중개업소에선 외국의 부동산 중개업소와 네트워크로 연결돼 해외부동산을 알선해주기도 한다. 요즘엔 해외부동산을 중개해주는 외국계 기업이나 국내업체가 많이 생겨났기 때문에 일정 수수료를 주고 이들 업체를 이용하면 편리하다.

은행 PB센터 등에서 해외상품을 추천받는 방법도 있다. 이 경우 은행들의 자체 점검을 거치기 때문에 상대적으로 안전하다.

국내에서 선호되는 곳은 미국, 중국, 일본, 호주, 캐나다, 베트남, 필리핀 등이다. 주로 한인들이 많이 거주하는 나라들이다. 그동안 부동산 가격이 많이 상승한 곳이기도 하다.

국내 한 광고대행사가 최근 45~55세 성인 남녀 500명을 대상으로 설문조사한 결과, 해외부동산 투자 선호지역으로 미주지역 38%, 동남아 31%, 중국 18% 등이 꼽혔다. 특히 호주, 뉴질랜드, 미국 등의 경우 주택상품이, 동남아는 호텔이나 리조트가, 중국은 임대용 부동산이 유망할 것으로 전망됐다. 기대수익률은 연 8~10% 수준이었다.

해외부동산 투자에 성공한 사례는 많다. 서울 용산구에서 자영업에 종사하는 송영일 씨(56)가 대표적이다.

송 씨는 2004년 미국 캘리포니아 주의 대지 200평, 건평 60평짜리 단독주택을 80만 달러에 매입했다. 아내과 자녀들이 모두 현지에 있었기 때문에 월 수천 달러에 달하는 임대료를 줄이기 위해선 이 같은 선택이 불가피했다는 게 송 씨의 설명이다.

자금조달은 큰 문제가 되지 않았다. 미국 은행을 통해 모기지론을 받을 수 있었기 때문이다. 주택 금액의 70%를 연 5%, 5년간 이자만 지불하는 조건으로 대출받았다. 결국 자기 돈의 30%인 24만 달러로 주택을 구입했고, 부동산 경기가 좋지 않은 지금도 약 30%의 투자수익을 거둔 것으로 평가되고 있다.

송 씨가 미국 주택투자에서 성공할 수 있었던 요인은 학군이 좋고 교통이 편리하며 즈거환경이 쾌적한 곳을 선택했기 때문이다. 이런 곳은 한국과 마찬가지로 선호도가 가장 높으며, 가격 상승 여력이 높은 편이다. 대도시 인근에 새로 조성된 신도시는 집값이 싸기 때문에 초기에 선호되다가 시장이 침체되면 썰물처럼 맨 먼저 거품이 사라지는 게 미국 부동산의 특징이다.

요즘에는 베트남, 인도네시아, 필리핀 등 동남아시아와 우즈베키스탄, 카자흐스탄, 키르기스스탄, 몽골 등 중앙아시아, 슬로바키아 등 동유럽, 가나 등 아프리카 등으로 투자 대상이 확대되는 추세다. 이런 곳은 개발 가능성이 높은 만큼 부동산 값 상승에 대한 기대가 크다.

향후 우리나라 사람들의 해외부동산 투자는 더욱 활성화될 가능성이 높다. 현재 우리나라 국내총생산(GDP) 대비 해외직접투자 규모는 선진국에 비해 낮은 수준이다. 한국이 5.7%인데 반해 일본(7.8%), 미국(18.8%), 캐나다(35.5%) 순으로 높다. 영국(62.7%)과 프랑스(36.7%)는 멀찍이 앞서 있다.

현지 실정을 잘 파악해야 사기 당하지 않는다

해외부동산에 투자할 때 주의할 점은 현지의 '사기행위'다. 1989년 노태우 정부의 해외투자 완화조치 이후 해외부동산 투자 붐이 일었다가 투자자들 상당수가 현지인들에 사기를 당했던 전례가 전해진다. 국내부동산 가격이 가파르게 상승한 뒤 해외부동산에 대한 규제가 완화됐던 과정이 요즘과 유사한 점이다.

GS건설 베트남지사에서 10여 년 근무해온 한 임원은 한국 사람들이 부동산에 투자하기 위해 베트남을 찾을 때마다 현지 사람들은 "저(한국사람) 돈 내꺼야."라고 서로 경쟁할 정도라고 분위기를 소개했다.

해외부동산투자에 관심을 두고 있는 사람들은 대개 △국내 규제를 피해 해외부동산으로 자산 포트폴리오를 다양화할 목적 △해외에 자녀를 두고 있어 자녀 거주 명목으로 주택을 매입하는 현실적인 목적 △별장(세컨드하우스)을 국내 대신 해외에 두고 휴가철 등에 거주하려는 목적 등을 갖고 있다.

특히 여유계층 사이에선 외국에 부동산 한두 개쯤 갖는 게 유행이 됐다. 은행 PB들도 고객 포트폴리오를 짤 때 해외부동산 관련 상품을 필수로 끼워 넣는 추세다.

하지만 해외부동산에 대한 막연한 환상은 금물이다. 실전투자는 다른 법이다. 우선 해외부동산의 거품 우려가 높아지고 있는 현실을 직면할 필요가 있다.

미국에선 2006년부터 주택 판매량이 급속히 줄고 있다. 당해 총 648만 가구가 판매돼 전년보다 8.4%(60만 가구) 감소했다. 미국이 디플레이션에 빠졌던 1982년 이후 가장 큰 폭의 감소세다. 집값도 꾸준히 하락세다. 영국 등 유럽 역시 비슷한 상황이다.

두바이에선 공급과잉에 대한 염려가 높다. 지금까지 공급부족에 따라 가격이 급상승했지만, 추후 주택이 한꺼번에 쏟아지면 집값이 하락세를 보일 것이란 게 현지 중개업소들의 전망이다. 두바이 부동산을 매입하면 거주 비자를 함께 준다고 선전하는 부동산 시행사도 적지 않다. 대부분 사실과 다르다.

중국에선 올림픽이나 세계박람회 등의 특수를 기대하고 있지만 부동산 규제가 강화되고 있는 점에 유의해야 한다. 사회주의 국가인 만큼 현재의 각종 거래 규제뿐만 아니라 장차 도입 가능성이 있는 규제까지 고려해야 한다.

해외부동산 투자는 이처럼 개별국가에 따른 위험이 제각각이다. 개별성을 갖고 투자 대상을 까다롭게 선택해야 하는 이유다.

부동산 사기를 당하지 않기 위해선 믿을 만한 곳에 접촉해야 한다. 개별적으로 현지인을 통해 해외부동산을 매입하는 것보다, 공신력이 있는 현지 중개업체나 신뢰할 만한 국내 중개업체를 거쳐 부동산을 매입하는 게 좋다.

은퇴이민자들의 절세법

은퇴이민자들은 해외이주법에 따른 절세 혜택을 받을 수 있어 재테크 측면에서도 유리하다. 은퇴이민을 떠날 경우 출국한 날로부터 2년 내 처분하는 주택에 대해 비과세 혜택을 받을 수 있다. 보유기간(서울 기준 3년 이상) 및 주거 여부(2년 이상)와도 관계없다. 출국 전이라도 해외이주신고 확인서의 발행일로부터 1년 이내에 세대원 전원이 출국한다는 전제 아래 똑같이 비과세 혜택을 적용받는다. 다만 1가구 1주택자로 혜택이 제한되는 것은 유의할 점이다.

은퇴이민 준비 7계명

1. 자신의 경제능력부터 파악해야 한다.
2. 배우자 및 자녀와 충분히 상의하라.
3. 신뢰할 만한 에이전트를 찾아라.
4. 장기간 사전 현지 답사는 필수이다.
5. 함께 갈 지인들을 찾아보라.
6. 현지 언어와 문화를 익혀라.
7. 가전제품과 의약품을 챙겨야 한다.

따라서 1주택자의 경우 절세기간을 꼼꼼하게 따지되, 현지에서 1~2년 생활해본 후 비과세 특례를 적용받아 매각하는 방법도 고려할 만하다.

은퇴이민을 떠나더라도 국내 재산을 모두 처분하는 것은 바람직하지 않다. 현지 생활에 적응하지 못하거나 질병이 생겼을 때, 혹은 거동이 불편해진 후 귀국하는 사례가 적지 않기 때문이다. 1주택자라면 국내 집을 매각하고 현지 주택을 구입하는 것보다, 차라리 국내 집을 전세 주고 매달 임대료를 받아 생활하는 게 나을 수 있다는 얘기다.

다만 2주택 이상 보유자의 경우 일부 주택을 매각해 은퇴자금으로 활용해도 괜찮다. 종부세 부담이 만만치 않은데다 관리하기도 쉽지 않기 때문이다. 장기적으로 가격 상승 가능성이 점쳐지는 재건축 아파트나 재개발 주택 등으로 포트폴리오(자산배분)를 단순화하는 방법도 있다.

매달 고정수입을 올릴 수 있는 수익형 부동산으로 갈아타는 것도 추천되는 방법이다. 특히 단지내 상가와 역세권 오피스텔의 경우 임대료가 안정적으로 나오기 때문에 현지에서 연금대용으로 쓰기 좋다.

국내에 아파트 상가, 오피스텔 등 부동산을 남겨놓는다면 관리인을 따로 지정해 놓는 게 좋다. 그렇지 않을 경우 부동산 임대관리를 위한 출입국 비용이 만만치 않게 소요된다. 자녀와 친인척을 활용하면 관리비용을 줄일 수 있고 상대적으로 안전하다. 믿을 만한 부동산 중개인에게 맡기는 방법도 있다.

주거래 은행의 PB(프라이빗뱅킹) 서비스를 이용하는 것도 괜찮다. 은퇴이민 후 각종 계약갱신 업무와 공과금 납부까지 대행해준다.

굳이 PB센터가 아니라도 은행 해외이주센터에서 은퇴이민자를 위한 부동산 절세요령과 해외금융거래법 등을 알려주고 있는 만큼 이민을 앞두고 있다면 반드시 상담을 받아보는 게 좋다.

은퇴이민자의 부동산 관리는 어떻게 해야 하나

Key Point

- 해외이주법에 따른 부동산 절세방법을 찾아야 한다.
- 1주택자는 매각 대신 전월세 전환을 고려한다.
- 다주택자는 유망 부동산으로 자산을 단순화한다.
- 상가 · 오피스텔 등 수익형 부동산으로 전환한다.
- 가족 · 친척 등 국내 부동산 관리인을 지정한다.
- 은행 PB센터에 계약 갱신 등 업무를 맡기는 것도 한 방법이다.
- 국내 부동산 계약은 가급적 장기로 맺어야 한다.

동남아 은퇴이민의 유혹

2007년 남편과 함께 베트남으로 이민을 떠난 송계자 씨(56)는 전에 경험하지 못했던 호사를 누리고 있다. 운전기사를 앞세워 하루가 멀다 하고 골프장으로 향하고, 운동 후 온천에서 마사지와 함께 낮잠을 즐긴다. 연면적 1653㎡(500)평 규모의 정원 딸린 단독주택에는 식사와 청소를 담당하는 가정부가 3명이다. 남편과 골프여행을 몇 차례 왔다가 베트남의 매력에 빠져 아예 정착하게 됐다는 게 송 씨의 설명이다.

송 씨와 같이 동남아에서 '제2의 인생'을 시작하는 사람들이 눈에 띄게 늘고 있다. 은퇴이민 설명회가 열릴 때마다 대성황을 이룬다. 70~80년대 미국, 독일 등 선진국으로 향했던 이민대열과는 성격이 다르다. 당시엔 돈을 벌기 위해 떠났지만, 지금은 멋진 노후를 위해 비행기에 몸을 싣고 있다. 목적지는 우리나라와 지리적으로 가깝고 날씨가 따뜻하며 물가가 저렴한 동남아시아다.

특히 필리핀은 우리나라 사람들이 가장 많이 찾는 은퇴이민지다. 기반시설이 잘 갖춰진 수도 마닐라와 세부쪽으로 이민자들이 몰리고 있다. 마닐라 북쪽 210km 지점에 위치한 여름휴양지 바기오는 해발 1300~1700m에 자리 잡고 있어 연중 사람이 살기 좋은 온도(13~26도)를 유지하고 있다.

필리핀 다음으로 한국인이 많이 떠나는 곳은 한류 열풍의 진원지인 베트남이다. 한해 증가세가 100%를 넘을 정도다. 대부분 '경제수도'로 불리는 호치민 주변에 정착한다. 시내에서 차로 20분 거리에 있는 남부 신도시 푸미홍이 대표적이다. 푸미홍은 대규모 고급 주택지로, 골프장, 수영장, 외국계 병원 등 편의시설이 많다.

말레이시아도 요즘 떠오르는 이민지다. 말레이시아 정부가 '세컨드 홈' 비자를 적극 홍보 하면서부터다. 쿠알라룸푸르에서 차로 1시간 거리인 몽키아라는 이민자들이 몰리는 고급 주거지다. 현지 한인들 사이에선 '강남'으로 불린다.

국가별 은퇴이민 비자제도	
필리핀	35세 이상만 가능 5만~7만 5000달러 예치 2년 내 10만달러 주택 구입해야 3년마다 갱신
말레이시아	마이세컨드홈 프로그램 50세 이상 15만링키트(약 4900만 원) 예치(예치금 60%까지 대출)
태국	은퇴비자제도 없음 50세 이상 80만바트(약 2600만 원) 예치하면 1년 체류 비자 타이랜드 엘리트카드 회원제 유리
베트남	은퇴비자제도 없음 6개월짜리 복수비자로 6개월마다 갱신

제2부

주거형 부동산

편리한 전원생활은
타운하우스에서

타운하우스란

타운하우스는 저층, 저밀도 주거시설이다. 공동 마당을 사용하는 연속 저층 방식의 단지형 주택이다. 출입문이 분리된 여러 가구의 주택을 한 개의 건물 라인으로 이어서 짓는 개념이다. 엄격히 말해 2개 이상의 별도 주택이 벽과 마당을 공유해야 타운하우스로 분류된다는 이야기다. 우리나라에선 도시 교외에서 고급주택 형태로 선보이고 있다.

타운하우스 _ 타운하우스는 단독주택의 쾌적함과 아파트의 편리함을 동시에 누릴 수 있는 신종 주택이다. 사진은 미국 시애틀의 한 타운하우스의 모습이다.

서울 목동에 살다 경기 파주시의 한 타운하우스로 이사 온 김 모 씨(38). 파주 출판문화단지로 출근하는 김 씨는 요즘 정원 가꾸는 재미에 쏙 빠져 있다. 4계절 자연을 즐길 수 있어 계절의 변화가 더없이 즐겁다고 한다. 성냥갑 같은 아파트 생활에만 익숙해져 있다 타운하우스로 이사를 온 뒤 삶의 질이 높아졌음을 실감하고 있다. 그는 "다시는 아파트 생활을 할 수 없을 것 같다."고 말했다.

아파트를 대신할 새로운 주거 트렌드를 만들다

타운하우스는 자동차 출퇴근 문화가 당연시되고 있는 미국이나 캐나다 등지에서 보편화돼 있는 주택이다. 우리나라에서는 약간 폭넓은 의미로 사용되고 있지만, 원래 여러 세대가 지붕이 아닌 한쪽 벽을 공유해야 진정한 타은하우스라고 할 수 있다.

넓은 정원과 일조권을 확보하고 개인 프라이버시를 철저하게 보장한다는 점에서 연립주택이나 고급 빌라와 구분되며, 공동 브랜드를 갖고 공간 활용을 극대화했다는 점에서 단독주택이나 전원주택과도 다르다.

타운하우스의 인기가 높아지면서 20~30년간 유지되어 온 아파트의 아성마저 허물 태세다.

타운하우스가 인기를 끄는 이유는 쾌적성과 편리성을 동시에 만족시킬 수 있기 때문이다. 특히 아파트 생활에서 벗어나고 싶어하는 대체 수요층의 구미를 당길 만한 주거 상품으로 평가되고 있다. 보안이나 관리가 비교적 쉬운데다 소음이나 주차문제가 발생할 여지도 별로 없다.

대형 평형 위주로 공급되고 있어서 고급 커뮤니티가 형성된다는 점도 강남권 수요층을 자극하는 한 요인이다. 가격만 비쌀 뿐 쾌적성이 떨어지는 강남권 고가주택 거주자들 사이에서는 이웃끼리 한꺼번에 새로 분양되는 타운하우스로 이사를 가기도 한다.

주변 시세보다 훨씬 높은 가격에 분양되고 있어 일반인의 접근도 제한적인 편이다. 죽전 W타운하우스의 경우 분양가가 $3.3m^2$(1평)당 2000만 원이 넘었으며, 남양주 화도읍 R타운하우스 역시 $3.3m^2$(1평)당 2000만 원에 분양되었다.

타운하우스의 커뮤니티 시설은 일반 전원주택 단지와는 비교할 수 없을 정도로 다양한 편이다. 특히 워낙 고가에 분양되다 보니 웬만한 주상복합 아파트보다도 편의시설이 고급스럽다. 커뮤니티 시설로는 △공동 파티룸 △피트니스센터 △비즈니스센터 △야외 수영장 △테니스장 △바비큐장 △어린이 놀이터 등이 꼽힌다. 비즈니스센터에는 개인이 장만하기 힘든 복사기나 레이저젯 프린터 등 고가의 사무집기가 마련된다. 주민들은 이 시설들을 개인 사무실처럼 이용할 수 있다.

미국에서는 각 타운하우스마다 마케팅 매니저가 따로 있어서 커뮤니티 프로그램을 적극 개발하고 부동산 중개업소나 언론 등을 상대로 홍보활동을 펴기도 한다.

타운하우스 위주의 명품 신도시 건설

타운하우스가 고가임에도 불구하고 큰 인기를 모으면서 건설·시행사들이 앞다투어 개발에 나서고 있다. 타운하우스를 지을 수 있는 신도시의 블록형 단독주택지 입찰경쟁에는 과거와 달리 대기업까지 뛰어드는 추세다.

블록형 단독주택지는 택지지구 내에서 단독형 집합주택이나 부대시설이 딸린 3층 이하의 공동주택을 지을 수 있는 부지를 말한다. 일반적으로 용적률 100%, 건폐율 50% 이하가 적용된다. 가구당 대지면적은 198~661㎡(60~200평)이다.

특히 판교, 동탄, 흥덕, 광교, 청라 등 인기 신도시에는 타운하우스가 빠짐없이 들어선다. 행정중심복합도시에도 친환경 주거시설 형태로 타운하우스가 들어선다.

1980년대 이후 확고하게 자리 잡고 있는 아파트의 위상을 타운하우스가 조금씩 허물어가고 있다. 경기도는 획일적인 고층 아파트촌 문화를 바꾸기 위해 선진국과 같은 타운하우스 위주의 명품 신도시를 짓는 계획을 추진 중이다. 정부 역시 아파트가 전체 주택의 절반을 넘어서면서 도시경관이 훼손되었다고 판단하여 장기적으로 저층·저밀도 개발을 확대한다는 구상이다.

우리나라의 경우 공동주택 비중이 지나치게 높기 때문에 저층·저밀도 주거형태인 타운하우스가 대안 상품으로 점차 각광받을 가능성이 높다. 특히 삶의 질이 높아지고 주택 시장이 투기가 아닌 실거주용으로 재편되면 타운하우스가 확고한 트렌드로 자리 잡을 전망이다.

타운하우스는 유명 건축가의 경연장

수도권의 고급 타운하우스 설계에 세계적인 건축 거장들이 동참하고 있다. 타운하우스가 유경 건축가들의 경연장이 되고 있는 셈이다.

동원시스템즈건설이 경기도 용인시 동백지구에 공급한 타운하우스 '동연재' 설계는 모더니즘 건축의 거장인 후루야 노부아키 일본 와세다대 교수와 국내 목주주택 설계의 권위자인 최삼영 가와건축 소장이 맡았다. 255㎡(77평형) 24가구로 구성된 고급 주택 단지로 한옥의 특성을 현대적으로 재해석했다는 평가를 받고 있다.

원건설이 용인 보정동에 선보인 '죽전 힐데스하임'의 경우 서울 서초동 부띠끄모나코, 여의도 S-트레뉴 등을 설계한 조민석 매스스터디스 소장의 작품이다. 단지가 148만 7610㎡(45만평) 규모의 한성CC 골프장에 둘러싸인 입지 조건을 십분 활용하여 페어웨이 조망권과 채광을 극대화했다. 39가구 단지에 평형별 타입이 22개나 된다.

한일건설의 용인 양지면 '루아르밸리'는 프랑스 건축가협회장이자 프랑스 국가자문 건축가인 로랑 살로몽이 설계했다. 고풍

스런 유럽 대정원의 모습을 담았다는 평가다. 대지 3만 9670㎡(1만2000평)의 부지에 331~364㎡(100~110평형) 52가구로 구성되었다.

SK건설이 용인 기흥에 건설한 '기흥 아펠바움'은 이타미 준, 주택공사가 판교 신도시 내에 지은 타운하우스는 마크 맥(미국), 페카 헬린(핀란드), 야마모토 리켄(일본) 등이 각각 설계했다. 타운하우스는 분양가 상한제 등의 영향을 받지 않기 때문에 이처럼 세계적인 거장들의 설계 참여가 가능하다.

타운하우스의 특징

 Key Point

- 아파트와 단독주택의 장점을 결합
- 전원주택과 같은 쾌적한 환경
- 공동 기반시설을 갖춘 편의성
- 출입문이 분리된 주택을 연속 건축
- 방범 · 방재 등 관리의 효율성이 높음
- 도시가스 등으로 관리비 저렴
- 수도권 택지지구 위주로 공급
- 중대형 위주여서 고급 커뮤니티 형성
- 주택별로 개별 주차가 가능
- 분양가가 주변 시세보다 높음
- 수요층이 한정되어 있어 환금성은 제한

아랫집 지붕을 정원으로,
테라스하우스

테라스하우스란

아랫집 지붕을 널찍한 개인 정원으로 활용할 수 있는 고급 주택
이다. 완만한 경사지나 구릉지를 효율적으로 이용하기 위한 주택
건축 방식이다. 요즘에는 전원주택 단지뿐만 아니라 일반 아파트
에도 이 같은 '테라스하우스' 가 도입되고 있다.

박 모 씨는 2년 전 경기도의 한 아파트 단지내 테라스하우스로 이사 오면서 같은 평형의 일반 아파트보다 3000만 원가량 웃돈을 줬다. 아파트에 살면서 50㎡(15평) 남짓한 정원을 가꿀 수 있다는 것이 매력적이었다. 박 씨는 테라스에 화초를 심고 파라솔을 놓아 가족 정원을 꾸몄다. 특히 봄만 되면 꽃 냄새가 집안 곳곳에 스며들어 자녀들의 정서 발달에도 그만이라고 박 씨는 자랑했다. 테라스하우스가 인기를 끌면서 2년 전 3000만 원선이던 웃돈이 8000만 원 정도로 높아졌다.

공동주택의 편리성과 단독주택의 쾌적성을 동시에

테라스하우스 입주자들은 개별 정원을 가꾸면서 편리한 공동주택 생활을 누릴 수 있다.

전원주택형 공동주택인 테라스하우스는 택지를 훼손하지 않고 자연지형을 그대로 살려 계단식으로 짓는 게 특징이다. 공동주택의 편리성과 보안성, 단독주택의 쾌적성을 동시에 살린 새로운 주택 유형이다. 독특한 라이프 스타일을 추구하는 여유계층을 중심으로 인기를 끌고 있다.

2004년 입주한 경기도 용인시 신갈동 '새천년 그린빌'의 경우 전체 2076가구 가운데 4, 5단지 5개 동 46가구가 테라스하우스로 지어졌다. 지상 4층(126㎡, 38평형) 높이에 계단식으로 설계되었으며 골프장 수원CC의 조망권이 뛰어나 분양 당시에도 큰 인기를 끌었다.

각 가구의 테라스(앞마당) 넓이가 집 크기와 맞먹는 93㎡(28평)에 달해 실거주 공간을 감안하면 198㎡(60평형)과 맞먹는 수준이다. 입주민들은 테라스 공간을 야외 정원이나 휴식 공간 등 취향에 따라 다양하게 활용하고 있다. 여기서 바베큐 파티를 즐기기도 한다.

1999년 말 조성되었던 용인 영덕동 '영통빌리지'의 경우 전체 470가구 중 4개 동 32가구가 테라스하우스로 꾸며졌다. 102㎡(31평형) 단일 평형으로 구성되었다. 1~3층은 73㎡(22평), 최상층은 주택 분양면적과 맞먹는 126㎡(38평)의 앞마당을 갖고 있다.

실제로 활용할 수 있는 공간이 넓다는 점 때문에 테라스하우스의 분양가는 일반 주택보다 훨씬 높다. 광주 진월지구 주공아파트의 경우 테라스하우스(16가구) 109㎡(33평형) 분양가가 같은 평형의 기준층보다 약 4000만 원(16%) 비쌌다. 테라스하우스를 지을 때는 다른 주택보다 공사비가 많이 들기 때문에 공급가격 역시 높을 수밖에 없다.

충남 금산군 천내리에 단지 형태로 들어설 예정인 132㎡(40평)짜리 테라스하우스의 분양가는 전원주택 단지로는 드물게 3억 2000만 원에 달했다. 천내리 테라스하우스는 6홀짜리 골프장과 수영장, 피트니스센터, 사우나, 게임룸, 영화관 등의 부대시설을 갖추고 있다.

테라스하우스의 시세는 일반 아파트보다 훨씬 고가에 형성되는 게 보통이다. 그 만큼 쾌적성과 편의성을 입주민들로부터 인정받고 있다는 얘기다.

새천년 그린빌 126㎡(38평형) 테라스하우스의 경우는 매매 호가가 인근 지역 같은 평형 아파트보다 1억 원 이상 높다. 영통빌리지 102㎡(31평형) 테라스하우스는 같은 단지 일반 아파트의 102㎡(31평형) 가격보다 두 배 이상 비싸다. 분양 당시 테라스하우스 102㎡(31평형)과 일반 아파트 102㎡(31평형)의 분양가 차이는 1200만 원밖에 되지 않았지만 갈수록 차이가 벌어지고 있다.

자연을 그대로 살린 친환경 주택

테라스하우스는 자연지형에 최대한 순응하면서 짓는 방식이기 때문에 대표적인 친환경 주택으로 꼽힌다. 기존 자연지형을 훼손하지 않고 개발하므로 토목 공사비까지 아낄 수 있다.

지형의 경사도가 18도 이상일 경우 주거동이 계단 모양으로 후퇴하면서 위·아래로 각 세대가 겹치는 방식으로 지을 수 있어 독특한 모양이 연출되기도 한다.

테라스하우스는 경사면의 기울기와 방향에 맞춰 각 세대가 배치되기 때문에 산림뿐만 아니라 단지 내외부의 녹지를 최대한 보존할 수 있다. 연못이나 호수 등을 굳이 메우지 않고 그대로 친수 공간(물을 끼고 있는 부지)으로 활용할 수 있다.

테라스하우스의 또 다른 매력은 일조권 및 조망권에 있다. 테라스하우스는 구릉지에 자리 잡기 때문에 조망권과 일조권을 확보하는 데 제격이다.

특히 전 국토 중 70%가 산지로 구성되어 있는 우리나라에서는 테라스하우스의 쓰임새가 다른 나라보다 훨씬 다양하다. 경사가 많은 곳에서 건축하기 쉬운 주택 형태이기 때문이다.

경사지나 구릉지를 인위적으로 깎고 메운 뒤 고층 아파트를 세울 경우, 비용 낭비가 심할 뿐만 아니라 도시경관도 해칠 수 있다. 하지만 테라스하우스를 적극 활용하면 지형이나 경관 등 자연적

특성을 모두 반영할 수 있다.

테라스하우스는 일반 주택보다 높은 가격에 분양되고 있지만 다른 어떤 주택보다 인기가 높다. 주택공사가 판교 신도시에서 공급한 테라스하우스(97가구)의 경우 청약경쟁률이 100대 1을 넘기는 진기록을 세웠다. 테라스 면적이 66~99㎡(20~30평)에 달해 단독주택과 같은 느낌을 주는 게 청약자들을 끌어들인 주요인이다.

특히 판교 테라스하우스의 경우, 4층 높이의 연립주택으로 용적률이 70~80%에 불과하지만 일반 아파트보다 단지 환경이 쾌적하다. 안방에는 별도로 문을 달지 않고 외부로 노출한 '개방형 욕실'을 넣었다. 벽지나 온돌마루 대신 천연 대리석과 대리석 타일, 견사 등으로 마감하였다.

행정중심복합도시와 인천경제자유구역 청라지구 내에서도 테라스하우스가 상당량 공급된다. 아래층 지붕을 위층 거주자가 정원으로 활용토록 만들면 건폐율 확대 등 혜택을 주는 건축법까지 개정돼 테라스하우스의 공급은 더욱 늘어날 전망이다.

베이(Bay)가 뭐야?

기둥과 기둥 사이의 한 구획을 뜻하는 건축용어이다. 아파트에서는 보통 전면 발코니에 접하고 있는 방이나 거실의 개수를 말할 때 사용된다. 아파트 전면 발코니에 거실과 방이 나란히 1개씩 붙어 있으면 2베이가 된다. 거실과 방 2칸이 일렬로 배치되어 있으면 3베이다.

예전 중소형 아파트는 대부분 2베이 형태로 지어졌다. 그래서 방 2개 중 1개는 늘 채광에 약할 수밖에 없었다. 요즘엔 중소형 아파트에도 3베이가 기본으로 적용되고 있다. 109㎡(33평형)을 기준으로 3.5베이나 4베이도 많이 선보인다. 4베이의 경우 아파트 폭을 좁히고 대신 전면을 '방+방+거실+방'의 형태로 배치한다.

베이 수가 많아지면 전면 발코니가 넓어지기 때문에 서비스 면적을 훨씬 더 많이 확보할 수 있다. 채광이나 환기에도 유리하다. 하지만 평면이 길어지면서 거실 폭이 좁아지는 단점이 생긴다. 전체적으로 가구 수가 최대 10% 줄어드는데다 벽체가 늘어 분양가가 다소 상승할 수 있다.

투기지역 대출 규제

투기지역 내 주택담보대출을 1인당 1건만 허용하는 규제다. 투기지역에서 이미 2건 이상 주택담보대출을 받은 사람은 전체 대출 중 처음 만기가 돌아오는 대출부터 1년 안에 갚아 전체 대출 건수를 1건으로 줄여야 한다.

1년 안에 대출 건수를 1건으로 줄이지 않을 경우 만기가 먼저 돌아오는 대출부터 연체 금리를 가산하는 등 제재조치가 취해진다. 그러나 부득이한 이유로 차주 본인과 다른 주소지에서 실제 거주하고 있는 노부모나 자녀, 배우자 등을 위한 아파트 담보대출 1건에 대해서는 실제 거주 여부를 확인한 뒤 1년 단위로 유예기간을 연장할 수 있다.

또 법원 가압류나 처분금지 가처분이 내려진 주택, 공동 상속인이나 공동 지분권자의 매각 반대 등으로 보유주택 처분이 불가능한 경우 역시 유예기간을 연장할 수 있다.

Chapter 03

Real estate

골프장이 내 집 안마당,
골프빌리지

골프빌리지란

골프장을 끼고 있는 고급 주택을 말한다. 골프장 페어웨이를 내
집 정원처럼 조망하고 이용할 수 있다. 국내외에서 최고급 주택
형태로 손꼽힌다.

골프빌리지_골프빌리지는 집 안에서 골프장을 조망할 수 있는 전원형 주택이다. 사진은 경기도 기흥의 SK아펠바움. 정원 앞으로 골프장 그린이 보인다.

서울 목동에 살던 주부 송 모 씨(49)는 2년 전 경기도 용인으로 이사를 온 뒤 아침에 눈을 뜨면 마냥 행복하다고 했다. 가족들과 창 밖으로 끝없이 펼쳐진 골프장을 내려다보며 아침 식사를 즐길 수 있기 때문이다. 송 씨가 사는 곳은 '골프빌리지'이다. 99만 1740㎡(30만평)짜리 골프장을 개인 정원처럼 사용하고 있다. 송 씨는 이곳으로 이사를 온 후 건강이 몰라보게 좋아졌다고 자랑했다. 봄에는 집 근처에 벚꽃이 흐드러지게 피고, 가을에는 단풍이 그림 같이 펼쳐진다.

경기도의 한 골프빌리지를 주말 별장 용도로 사용해 온 한 모 씨(40). 그는 최근 강남에 있는 아파트를 팔고 231㎡(70평형)짜리 골프빌리지로 이사 왔다. 한 씨가 강남 아파트를 팔면서 낸 양도세는 불과 5000여만 원이다. 보통 2주택자들이 내는 세금 수억 원에 비하면 상당히 적은 편이다. 골프빌리지는 관련법상 '주택'이 아니어서 2주택 양도세 중과 규제에서 제외되는 덕분이다. 결국 강남에 있는 1주택(아파트)에 대한 양도세(6억 원 초과 부분에 대해서만 부과)만 냈다는 게 한 씨의 설명이다.

골프빌리지는 법적으로 '주택'이 아니다

골프장을 내 집 정원처럼 이용할 수 있는 골프빌리지가 고소득층과 은퇴자들을 중심으로 인기다. 주로 수도권 인근 골프장 주변에 들어서며, 요즘은 설계 단계부터 골프장 페어웨이 위에 짓는 추세다. 과거 골프장 내 '콘도미니엄'을 회원권 구좌 계약 방식으로 분양하던 것에서 한 단계 진화한 형태이다.

외국에서도 골프빌리지는 최고급 주택 형태이다. 미국의 대표적인 고급 주택은 샌프란시스코 남쪽 17마일(약 27km) 드라이브 코스 주변의 '골프빌리지'. 골프장 페어웨이 위에 자리 잡고 있는 이들 주택의 가격은 200만~1200만 달러에 달한다.

골프빌리지는 '친자연' 외에 '절세 효과'란 큰 매력을 갖고 있다. 가족이 평생 거주할 수 있는 '주택'이지만, 관련법상 골프장 내 체육시설(콘도미니엄)로 분류된다. 주택이 아니란 얘기다. 이 때문에 종합부동산세를 포함한 주택 보유세를 내지 않아도 된다.

물론 다주택 보유에 따른 양도소득세 중과 조치도 피할 수 있다. 현행법상 3주택 이상자는 양도차익의 60%를, 2주택자는 양도차익의 50%를 각각 양도세로 내야 한다. 비주택이란 점에서 골프빌리지는 완벽한 세테크 상품이다.

골프빌리지는 분양(매매)할 때도 남편, 아내, 자녀 등의 명의로 1가구당 2구좌씩 배정하는 방식이 동원된다. 즉 구좌 분양 방식으로 가족들이 각각 등기를 내는 것이다. 등기 방식이 일반 주택과는 다르지만, 거주에는 아무런 차이가 없다. 공동관리하고 커뮤니티 시설을 이용한다는 점에서 일반 전원주택과도 차별화된다.

우리나라에서 '주택' 형태로 공급되고 있는 골프빌리지는 계속 증가하는 추세이다. 대우건설이 경기도 용인시 기흥읍에 지은 '그린카운티(112가구)' 와 SK건설이 같은 장소에 지은 '기흥 아펠바움(77가구)' 이 대표적인 골프빌리지이다.

SK건설의 기흥 아펠바움은 최신 모델에 속한다. 내 · 외부 마감재 수준이 대우건설의 그린카운티보다 한 수 위다.

기흥 아펠바움은 155㎡(47평형) · 185㎡(56평형) · 222㎡(67평형) · 288㎡(87평형) 등 총 77가구이다. 중대형 평형으로만 구성된 단지이다. 제주도 핀크스CC 내 포도호텔을 설계한 재일교포 건축가인 이타미 준 씨가 설계를 맡아 독특한 외관을 자랑한다.

이 주택의 가격은 2005년 분양 당시 한 채당 최소 7억 원이었다.

146

가장 큰 평형인 288㎡(87평형)의 경우 분양가만 25억 원에 달했다. 특히 288㎡(87평형)은 집 앞의 전용 정원이 496~661㎡(150~200평)으로 매우 넓어 일찌감치 분양이 마감되었다. 정원 바로 앞으로 11번 홀 그린이 이어진다.

기흥 아펠바움 입주자 중 상당수는 독특한 취향을 갖고 있어서 입주 초기 내외부 마감재 변경공사를 많이 했다고 한다. 직접 비용을 추가로 들여서라도 집 안팎을 이웃과 다르게 꾸미려는 계약자가 많다 보니 입주 시기가 다소 지연되기도 했다.

입주민 가운데는 강남, 분당, 용인권 주민들이 대부분이다. 출퇴근 시간이 자유로운 전문직 종사자와 자영업자의 비중이 높은 편이다. 은퇴 후 자연을 즐기려는 노년층도 적지 않다는 게 회사 측의 설명이다.

골프장 주택이기 때문에 입주민들이 골드·코리아CC의 주중 회원 자격을 자동으로 부여받는 것도 특징이다. 입주민들은 파티장과 회의실로 쓸 수 있는 다목적실을 비롯하여 헬스클럽, 휴게실 등을 자유롭게 이용할 수 있다.

2004년 입주한 대우건설의 그린카운티는 파인하우스 36가구와 힐탑하우스 76가구로 이뤄져 있다. 파인하우스의 경우 집안 내부에서 골드CC 챔피언코스 1번 홀 티박스를 비롯해서 광활한 골프장 전경을 파노라마처럼 볼 수 있다. 테라스가 53㎡(16평)에 달하기 때문에 가족들이 이곳에 모여 식사를 하거나 바베큐 파티를 즐길 수 있다.

힐탑하우스는 언덕 비탈을 이용한 테라스형과 단독형, 타운형, 빌라형 등 4가지 형태를 하고 있다. 특히 231㎡(70평형)짜리 복층 단독형의 경우 1층은 거실과 서재, 주방으로 구성되어 있고, 2층은 3개의 방으로 꾸며져 있다. 33㎡(10평)이 넘는 개인 주차장과 넓은 단독정원이 최대 강점이다. 단지 내부의 편의시설로는 테니스장, 수영장, 골프연습장, 헬스클럽과 슈퍼마켓, 사우나, 한식당, 연회장 등이 있다.

SK건설의 기흥 아펠바움처럼 주중에 골드CC를 회원과 똑같은 자격으로 이용할 수 있다. 이들 골프빌리지에는 아파트와 같이 분양가에다 일정한 웃돈(프리미엄)이 붙어있다. 다만 주변에 중개업소가 별로 없기 때문에 집주인이 매도를 원할 경우 도로 인근에 개별적으로 플래카드를 내거는 경우가 많다.

요즘에는 골프장 및 리조트 설계 단계부터 골프빌리지가 계획되고 있다. 지금까지 기존 골프장 주변에 새로 짓거나 골프장 부대시설로 골프장 설계 이후 조성하는 경우가 대부분이었다는 점을 감안하면 큰 변화라고 할 수 있다.

사계절 종합리조트인 강원도 '대관령 알펜시아' 내 골프빌리지가 대표적인 사례이다. 페어웨이 부지에 짓는 정주형 골프장 주거 단지로, 222~549㎡(67~166평형)의 중대형 평형으로만 구성되며 396실 규모이다.

고급 주택 단지이다 보니 분양가는 3.3㎡(1평)당 2000만 원 안팎에 달할 정도로 비싼 편이었다. 전 가구에 골프장 조망권이 확보됐고, 단지내에 소매점, 워터파크, 문화·예술 공간인 뮤직텐트 등이 들어섰다. 골프장은 188만 4306㎡(57만평)의 부지에 회원 전용 27홀 규모이다. 골프장 설계 및 운영을 세계적인 골프 매니지먼트 사인 트룬골프가 맡았다. 영동고속도로 횡계 IC에서 5분 거리에 있다.

인천경제자유구역 청라지구에도 골프빌리지가 대거 들어선다. 청라지구는 송도, 영종지구로 이어지는 수도권 서부 삼각벨트의 핵심이다. L건설이 테마파크형 골프장 안에 타운하우스형 골프빌리지 200여 가구를 짓고 있다. 인천공항과 김포공항이 가깝고 주변에 서울권의 마곡, 상암지구와도 연계될 수 있는 입지 여건을 갖추었다. 청라지구의 남북을 관통하는 수도권 제2외곽순환도로도 개통 예정이다.

일시 2주택자는 공매를 활용하라

2006년 새 아파트를 매입한 원 모 씨(48)는 2007년 초까지 기존 주택을 팔지 못해 적지 않은 속앓이를 했다. 새 주택 매입 후 1년 내 기존 주택을 매각하지 못하면 양도세를 50%나 내야 되는 법규정 때문이다. 기존 주택을 시장에 급매물로 내놨지만 도무지 사겠다고 나서는 사람이 없었다.

이때 그를 구원해 준 제도가 바로 공매였다. 공매를 통해 결국 매매계약서에 도장을 찍었고, 양도세까지 전액 면제받았다. 그는 1억 3000만 원이 넘는 세금을 절약할 수 있었다.

공매는 주택 시장이 급랭하면서 종전 주택을 매각하지 못해 발이 묶인 일시적 2주택자들에게 양도세를 획기적으로 줄일 수 있는 대안이다.

한국자산관리공사(캠코)가 운영하며, 양도세 유예기간(이사 목적은 2주택 된 날로부터 1년, 혼인, 노부모 봉양 목적은 2년)이 지나도 그 혜택이 유지되는 게 특징이다. 주택을 공매에 부칠 경우 일단 '매각' 의사가 확실한 것으로 인정받을 수 있다.

예컨대 2주택자의 기존 주택이 비과세 요건을 갖췄다면 공매 후 양도세를 면제받을 수 있다. 비과세 요건을 갖추지 못했다면 중과세(50%) 대신 일반 과세(9~36%)된다.

2주택자가 기존 주택을 공매로 처분하려면 우선 캠코의 본사나 지사를 방문해 의뢰서를 직접 작성해야 한다. 이때 양도세 유예 기간(새 주택 매입 후 1~2년 내)이 지나지 않은 시점이어야 양도세 감면 혜택을 받을 수 있다. 등기부등본, 주민등록등본 등의 서류를 제출해야 한다.

캠코는 매각 의뢰를 받으면 해당 물건에 대한 감정평가를 의뢰하고 평가 금액을 의뢰인에게 송부한다. 의뢰인이 감정 가격에 동의해야 공매가 개시된다. 의뢰인이 감정평가 법인에게서 6개월 이내 받아 놓은 감정서를 제출해도 된다. 매각 의뢰에서 입찰까지 보통 한 달에서 한 달 반 걸린다. 입찰은 공매 웹 사이트인 '온비드(www.onbid.co.kr)'에서 이뤄진다.

감정가격이 최초 입찰가격이 된다. 한 달에 한 번 입찰에 부쳐진다. 1회 입찰기간은 3일이다. 유찰될 때마다 5%씩 인하된 가격으로 재입찰된다.

최초 가격의 50%에 달할 때까지 계속 진행되지만, 양도세의 추정 금액 이상 떨어지지 않는다. 다시 말해 공매를 이용할 경우 적어도 시장에서 매각할 때보다 손해는 보지 않는다는 얘기다. 공매로 집이 팔리면 수수료로 매각액의 1%를 캠코에 내야 한다.

중도에 매각을 철회할 수도 있다. 하지만 양도세 유예기간이 지난 시점이라면 비과세나 중과세 제외 등의 혜택이 사라진다. 관할 세무서에도 통보된다.

그들만의 리그,
고급 빌라

고급 빌라란

연립주택 중 부자들만 모여 사는 고급 주택 단지를 통칭하는 말
이다. 서울에선 청담동, 삼성동, 방배동, 서초동, 도곡동, 이태원
동, 성북동, 평창동 등지에 많다. 중대형 평형으로 구성되어 있고,
보안시스템이 철저하게 갖춰져 있다.

고급 빌라_ 진짜 부자들은 여전히 고급 빌라를 선호하고 있다. 사진은 최고급 빌라로 꼽히는 서울 강남구 도곡동의 힐데스하임이다.

경기도 파주에 살다 40억 원대의 토지 보상금을 받아 서울 삼성동의 고급 빌라로 이사 온 부동산 중개업자 임 모 씨. 그는 고등학교에 다니는 자녀를 인근 경기고로 전학시킬 목적이 가장 컸다고 말했다. 이후 같은 빌라 내에 유명 연예인 2~3명이 거주한다는 사실을 알게 되었다. 이름만 대면 알만한 기업체 사장도 같은 빌라의 주민이었다. 부자들은 끼리끼리 모여 사는 것을 좋아한다는 사실을 새삼 실감했다. 임 씨는 "이사를 와 보니 지역 커뮤니티가 전에 살던 곳과 큰 차이가 나는 것 같다."면서 "투자가치는 적어도 주변 여건이 좋아 이곳에서 노후까지 계속 살 생각이다."라고 말했다.

왜 부자들은 고급 빌라를 선호하는가

아파트의 인기가 언제까지 계속될까. 새로운 대체 주거상품이 속속 등장하면서 아파트의 인기는 갈수록 하락할 것으로 예상된다. 이미 '주택상품의 반란'은 시작된 듯싶다. 특히 여유계층은 집단 주거 형태에서 탈피해 좀 더 친자연적이고 사생활이 보호되는 주거상품에 많은 관심을 보이그 있다. 고급 빌라나 타운하우스가 그런 새로운 트렌드를 반영하고 있다.

고급 빌라의 경우는 다소 특별하다. 1990년대 초반만 해도 '빌라'는 크게 각광받는 주택상품이었다. 이후 아파트에 밀려 '연립주택', '다세대 주택' 등의 의디로 퇴색해 버렸다. 그러다 최근 들어 서울 청담동, 방배동, 도곡동 등을 중심으로 고급 수요층의 구미를 또 다시 자극하고 있다. 도곡동 힐데스하임이나 서초동 트라움하우스와 같은 고급 빌라는 매년 공시가격이 발표될 때다다 국내 최고 순위에 이름을 올리는 대표적인 단지들로 꼽힌다. 앞으로는 도심 인근에 위치하고 있는 전원형 고급 빌라가 차세대 고급 주거시설로 각광받을 가능성이 높다.

차세대 고급 빌라로서의 요건은 다음과 같이 요약할 수 있다. 우선 도심과 가까워야 한다. 서울 지역에선 강남권을 중심으로 고급 빌라가 발달해 왔지만, 점차 도심 외곽지역으로 이동하는 추세이다. 부유층들은 서울 안에서 답답하게 사는 것보다 외곽의 공기 좋고 물 맑은 곳을 선호하는 쪽으로 점차 바뀌고 있다. 하지만 너무 멀리 이동하는 것도 원하지 않는다. 기존 커뮤니티 등 생활 기반이 강남권에 자리 잡고 있기 때문이다.

판교 인터체인지(IC)에서 북동쪽 방향인 성남시 시흥동 일대와 판교 남쪽에 이 같은 고급 전원 단지가 밀집해 있다.

예를 들어 경기도 성남시 세종연구소 인근에 위치한 고급 빌라 '컬리넌'은 한 채당 40억~50억 원을 호가한다. 1채당 대지 992㎡ (300평)에 건평 330㎡(100평) 규모로, 야외 수영장이 딸려 있다. 컬리넌 바로 길 건너편에 위치한 '포스힐' 역시 가구당 분양가격이 22억 원에 달했던 고급 주택이다.

또 다른 조건은 단지 형태를 이루면서 일정한 커뮤니티를 형성해야 한다는 것이다. 강남권 아파트가 비싼 이유는 바로 '고급 커뮤니티' 덕분이다. 수준 높고 성공한 사람들이 모여 살고 있다는 자부심이 집값에 반영되고 있는 것이다.

그런 이유로 고급 빌라를 찾는 계층은 이웃에 비슷한 부류의 사람들이 이사 오기를 희망한다. 판교 인근에 고급 빌라 단지가 형성되자 대치동에 거주하던 10여 가구가 한꺼번에 이동했던 게 대표적인 사례다. '끼리끼리' 문화가 자연스럽게 형성되는 배경이다.

고급 빌라가 단지 형태를 이룰 때의 장점은 바로 보안성이다. 공동보안이 가능하기 때문에 저렴한 가격으로 뛰어난 보안을 보장받을 수 있다. 즉 단독주택의 쾌적성과 공동관리의 편리성을 두루 갖춘 전원형 주택이 된다는 얘기다.

더 대형화되고 더 고급스러워진다

전원형 고급 빌라는 대개 198㎡(60평형) 이상으로 이뤄져 있다. 231~265㎡(70~80평형)대가 일반적이다. 최소 20가구 이상이며, 50~60가구 규모가 가장 많다. 가격은 최소 15억 원에서 50억 원까지 다양하다. 미국의 '베버리힐스'와 같이 부유층들이 모여 살면서 집값이 점차 뛰는 추세다.

고급 빌라의 입주자 중 30~40%는 의사, 변호사 등 전문직 종사자라는 게 업계의 설명이다. 개인사업자 등 자영업자 비중도 높은 편이다. 수도권 남부 고급 빌라의 경우 강남, 분당, 용인지역 거주자들의 대체 수요가 특히 높다.

고급 빌라는 일반 주택과 다르게 최고급 마감재가 사용되어 '특별하게' 지어진다. 한 채당 분양가격이 15억~20억 원에 이르렀던 성남시 시흥동의 고급 빌라 '린든그로브'를 예로 들어보자. 판교 초입에 자리 잡고 있으며, 코오롱건설이 지어 2006년 215~288㎡(65~87평형) 52가구가 입주를 마쳤다.

린든그로브는 4층짜리 공동주택 3개 동으로 구성되어 있다. 1층(인허가상 지하층)을 주차장과 로비로 사용할 수 있도록 설계한 점이 특징이다. 1층 층고가 3.5m로 높은데다 유럽의 이오니아식 기둥과 외관 조경이 어우러져 고풍스런 느낌을 준다. 가구당 2.9대 꼴로 주차할 수 있고 엘리베이터 바닥도 대리석으로 깐 게 이채롭다.

288㎡(87평형)의 내부 부부욕실에는 단독 테라스가 따로 마련되어 있다. 청계산을 바라보며 목욕을 즐길 수 있다. 욕조 벽면의 LCD 화면을 통해 TV를 볼 수 있다. 집안에 8대의 에어컨이 모두 빌트인(내장형)으로 설치되었다. 냉장·냉동고, 식기세척기 등 각종 수입가전제품도 마찬가지로 내장형이다. 벽면엔 공기정화 기능이 있는 은분(銀粉) 벽지와 대리석이 주로 사용되었다. 옥상에는 작은 정원과 퍼팅 연습장이 마련되었다.

고급 빌라 입주자들이 가장 신경 쓰는 부분은 바로 보안문제다. 때문에 단지 내·외부에 적외선 감지센서 등 4단계 보안시스템이 도입되었다. 관리비는 평당 7000~8000원 선이다.

288㎡(87평형)은 일반적인 4베이 구조지만, 방이 단 3개에 불과하다. 대신 부부침실과 거실, 다용도실 등이 널찍하다. 욕실(화장실)도 3개나 된다. 핵가족화 추세를 반영한 설계이다.

사실 넓은 평형에 방 개수를 최소화해 넣는 평면은 최근 들어 두드러지게 나타나고 있는 현상이다. 요즘 짓는 주택에는 압구정동이나 대치동의 구형 아파트처럼 198㎡(60평)짜리 아파트에 방을 5~6개씩 넣는 설계가 더 이상 적용되지 않는다.

개별 고급 빌라의 규모는 앞으로 더 커질 전망이다. 661㎡(200평형) 안팎의 대형 빌라들도 잇따라 선보이고 있다. 착공도 하기 전에 사전예약 형태로 분양이 100% 완료되는 경우가 많다. 방수가 적어지는 대신 주차장 면적은 넓어지고 있다. 보통 가구당 주차 대수가 5대 이상이다.

고급 빌라 분양업체들은 샘플 하우스조차 일반에 공개하지 않는 것을 원칙으로 삼고 있다. 부유층 고객들이 노출을 싫어하기 때문이다. 업체들은 특정 아파트 거주자나 일부 전문직 종사자 등에만 분양 안내지를 발송하는 등 은밀한 네트워크 마케팅에 치중하고 있다.

부자들은 밴을 좋아해

중소기업을 운영하는 송 모 사장(48)은 차를 세 대 갖고 있다. 평일엔 현대자동차의 '에쿠스'를 타고, 주말엔 마세라티의 스포츠세단 '콰트로포르테'와 대형 밴인 '스타크래프트 밴'을 애용한다. 특히 고속도로를 달릴 때는 항상 밴을 이용한다. 고속도로 버스전용차선을 달릴 수 있기 때문이다. 밴이 골프장이나 야외 나들이를 갈 때마다 진가를 발휘하는 것이다.

자영업자나 전문직 종사자들 사이에서 '대형 밴' 붐이 일고 있다. 뛰어난 실용성과 편의성이 부각되면서 '연예인 전용차량'이란 이미지에서 벗어나 본격적인 대중화 시대를 맞고 있는 것이다. 7~11인승인 밴은 스포츠 유틸리티 차량(SUV)보다는 내외부가 크지만 실내는 고급 승용차 못지않게 고급스럽게 꾸며 다목적으로 활용할 수 있다.

국산 밴으로는 기아의 '카니발 하이리무진'과 현대의 '스타렉스 리무진'을 들 수 있다. 하지만 여유계층은 수입차인 익스플로러 밴(포드)과 스타크래프트 밴(GM)을 선호한다.

밴이 인기를 끄는 이유는 주5일제 정착과 함께 여가활동 시간이 늘어나면서 가족 나들이에 적합한 차량 수요가 늘고 있기 때문이다. 대형 밴의 경우 어른 6~7명이 편안하게 앉을 수 있기 때문에 두 가족이 함께 여행을 떠날 수 있다. 실내를 일부 개조하면 '침대'처럼 사용할 수도 있어 장거리 운행에도 적합하다.

휴일에 고속도로 버스전용차로를 달릴 수 있는 점도 매력 포인트이다. 9인승 이상의 밴에 6명 이상이 탈 경우 꽉 막힌 일반 차로에서 벗어나 뻥 뚫린 전용차로를 시원하게 내달릴 수 있다. 주말 나들이에 안성맞춤인 셈이다.

다만 수입 대형 밴은 덩치가 큰 만큼 연료 소모량이 상대적으로 높다. 수입 밴은 연비가 ℓ 당 5.7㎞ 정도다. 국산 밴의 경우 연비가 ℓ 당 10㎞를 웃돌아 부담이 상대적으로 덜하다.

대형 밴이 선호되면서 일부 건설사들은 고급 빌라를 신축할 때 주차장 층고를 종전보다 50㎝ 이상 높이기도 한다.

요트 타는 세상 온다, 수변주택

수변주택이란

강이나 바다를 끼고 있는 전원형 주택 단지이다. 집 앞에 정박해 놓은 요트를 타고 강이나 바다로 직접 나갈 수 있다. 매일 강가또는 해변을 조깅할 수 있어 휴양형 고급 주택을 선호하는 계층사이에서 인기이다.

수변주택_요트 인구가 늘면서 수변주택이 선호되고 있다. 멀리 경기도 가평군의 수변주택인 청평 수상스포츠빌리지가 보인다.

2010년 어느 일요일 오후, 중소기업을 운영하는 김 모 씨는 휴일을 맞아 가족들과 요트를 타고 있다. 요트는 미국산(産) '리갈'. 침실, 회의실, 화장실 등이 구비되어 있는 고급형 선박이다. 요트를 타고 가족들과 와인 한 잔을 나누면 일주일 간의 스트레스가 확 풀리는 기분이다. 요트를 선착장에 정박하고 나면 바로 집 앞에 닿는다. 김 씨가 살고 있는 집은 수변주택이다.

내 집 앞에서 요트를 타다

김 씨의 사례는 미래를 가상해 본 시나리오이다. 조만간 요트 정박시설을 갖춘 수변주택이 고급 주택의 한 축을 이룰 전망이다. 미래도 멀지 않은 미래다. 이미 준공된 수변주택도 있다.

르메이에르건설이 경기도 가평군에 지은 '청평 수상스포츠빌리지'는 전형적인 수변주택이다. 아름다운 청정 자연이 둘러싸고 있는 청평 호반에 자리 잡고 있다. 169~179㎡(51~54평형) 타운하우스 48가구로 구성되어 있다.

2005년 말 첫 분양 당시 분양가가 주변 시세의 두 배를 넘는 3.3㎡(1평)당 2000만~2200만 원에 달했지만 강남권 고소득층을 중심으로 6개월 만에 모두 팔려 나갔다. 실거주용보다 별장(세컨드하우스) 용도가 훨씬 많다는 게 회사 측의 설명이다.

지중해풍의 아파트 외관과 야외 수영장, 넓은 잔디광장, 요트 정박시설 등이 한 폭의 그림과 같다. 입주민들에게 호주 골프리조트 이용권을 부여해 은근히 '특권의식'을 자극하기도 한다.

인천경제자유구역 영종지구에서도 멋진 수변주택이 공급된다. 영종도 동쪽 해안을 따라 연속된 저층 단독주택 200여 가구가 분양되는 것이다. 개별 필지당 공급면적은 최소 661㎡(200평) 이상 될 것 같다. 실 건평은 231~265㎡(70~80평) 정도다.

이곳에서는 추후 건설 예정인 제3연륙교를 바라볼 수 있다. 삼성건설이 짓는 인천대교를 멀리 조망할 수 있다. 집 앞 정박시설에서 요트를 타고 호수가 아닌 '바다'로 나갈 수 있는 것도 매력이다.

기업도시가 조성되고 있는 서해안의 충남 태안에서도 수변주택이 나온다. 태안 기업도시는 프랑스 랑독·루시앙 지역의 그랑모뜨나 미국 올랜도의 디즈니월드와 같은 세계적인 관광인프라를 갖춘 복합형 관광레저도시로 탈바꿈되는 곳이다.

이곳에는 6000여 가구의 주택 단지가 별도로 조성되는데, 이 중 인공 수로와 부남호 주변 등에 수변주택 450가구가 선보인다. 요트를 즐기지 않는 사람들도 주변 물길을 따라 산책로를 이용할 수 있다.

서울의 핵심 지역에서도 수변주택을 볼 수 있을 전망이다. 철도공사는 용산역에서 한강철교 사이를 데크로 덮어 공원으로 조성하고, 한강변에 요트가 정박할 수 있는 수변도시를 만들고 있다.

서울시가 야심 차게 개발 중인 마곡지구의 경우 66만 1160㎡(20만평) 규모의 '수변도시(워터프론트타운)'가 들어선다. 중앙공원 39만 6696㎡(12만평), 서남물재생센터 14만 2149㎡(4만 3000평), 마곡유수지 12만 2314㎡(3만 7000평) 등으로 구성된 수변도시는 주변에 호텔, 컨벤션센터, 위락시설 등도 갖추게 된다.

수변주택이 미래형 고급 주택으로 각광받는 이유는 '웰빙' 선호도가 그만큼 높아지고 있기 때문이다. 국민소득 2만 달러 시대에는 국민들의 취미생활이 '골프'에서 '요트'로 옮겨간다는 게 정설이다.

특히 교통망의 발달로 전국 어디에서도 차로 1~2시간만 달리면 바다에 닿을 수 있다. 요트문화가 확산될 수 있는 기반이 이미 조성되어 있다는 이야기이다. 정부 역시 2004년 특소세 폐지로 요트

구매에 숨통을 틔워주는 등 해양레저스포츠를 권장하고 있다.

수변주택을 매입할 때 초기 자금이 많이 들어가는 게 단점이지만, 희소성이 있는 만큼 투자가치 역시 적지 않다.

2012년 주택의 모습

미래 주택의 내부 모습은 지금보다 많이 달라질 것이다. 주방의 역할이 강화되고 마스터 존(욕실, 드레스룸, 화장실 등을 통합한 부부 공간)이 안방보다 훨씬 넓어질 것 같다.

주택업계의 트렌드를 종합해 보면, 2012년쯤에는 가족들의 생활공간이 주방으로 많이 이동할 전망이다. 종전에 '안방에서 거실로' 바뀐 생활공간이 다시 주방을 중심으로 재편된다. 이를 위해 벽걸이 TV가 거실이 아닌 주방 벽면에 설치되고, 대면형 주방(조리시설과 설거지통이 거실을 향한 설계)에 식탁이 붙어 있게 된다. 주부를 가족생활의 중심으로 끌어들이는 것이다. 대신 거실은 단순한 휴식공간으로 변신한다.

주방에는 다양한 IT(정보기술) 기구들이 부착된다. 수도꼭지의 경우 손만 대면 물이 나오는 터치식이 설치된다. 렌지 후드 배기팬이 실외기실에 설치되어 음식 냄새를 밖으로 빼낼 때는 소음이 거의 들리지 않는다.

주방 바로 옆에 자녀 방을 배치하여 육아와 가사가 손쉬워진다. 주방과 자녀 방의 칸막이는 슬라이딩 문으로 만들어 드나들기에 편리하게 된다. 요즘 트렌드인 'LDK(거실, 식탁, 주방이 하나로 연결된 설계)' 평면에 자녀 침실이 추가되는 셈이다.

마스터 존은 눈에 띄게 넓어진다. 149㎡(45평형) 주택을 예로 들면, 대략 66㎡(20평)을 마스터 존이 차지할 정도가 되는 것이다. 안방의 두 배 이상 되는 크기이다. 마스터 존 덕분에 집안이 호텔 같은 분위기가 난다.

샤워부스와 욕조, 드레스룸 , 화장실, 운동 공간, 세면대 및 화장대 등이 모두 마스터 존에 자리 잡게 된다. 특히 세면대와 화장대가 마주봐 부부가 동시에 마스터 존을 이용할 수 있다. 벽걸이식 LCD 화면을 자유롭게 움직일 수 있어 운동을 하거나 목욕을 할 때 원하는 각도로 영화를 즐길 수 있다.

샤워부스의 수도꼭지에는 특별한 조명이 달려 있다. 차가운 물이 나올 때는 푸른색을 띠다가 물이 뜨거워질수록 붉은 색으로 변한다. 기술에 감성을 접목한 사례이다. 마스터 존의 옷장은 부부가 옷, 가방, 양말 등을 충분히 넣을 수 있을 만큼 넓다.

집안 곳곳에 첨단기술이 숨어 있다. 예컨대 리모컨 액정을 통해 현관 앞에 누가 서있는지 확인하고, 버튼 하나로 문을 열어줄 수 있다. 초인종 소리를 듣고 현관 옆 월패드(Wall-pad)까지 뛰어갈 필요가 없다. 통합 리모컨으로 TV, 인터넷전화, 조명, 가스 등을 모두 제어할 수 있다. 분명한 것은, 이런 변화가 멀지 않은 시대의 일상이 될 것이란 점이다.

Chapter

06

Real estate

하늘 아래 첫 집,
펜트하우스

팬트하우스란

사전적 의미는 '옥상 가옥(Penthouse)'이다. 공동주택의 옥상
에 따로 설치되어 있는 살림집을 말한다. 요즘엔 공동주택(아파
트)의 맨 꼭대기 1~2개 층을 일컫는다. 일반적으로 1가구가 한 층
전체를 사용한다. 조망권이 가장 뛰어난 최고급 주택이다. 복층
형태가 많다.

서울 청담동의 한 펜트하우스. 357㎡(108평형)짜리 대형 아파트이다. 침실이 단 2개에 불과하다. 대부분의 공간을 거실이 차지하고 있다. 핵가족화에 따른 가족상의 변화가 펜트하우스에까지 영향을 미친 결과이다. 이 펜트하우스에 4년째 거주해 온 송 모 씨는 한강을 조망하기 쉽고, 실내가 넓으며, 보안이 뛰어난 점이 펜트하우스의 가장 좋은 점이라고 말했다.

불황에도 나홀로 호황을 누리는 펜트하우스

외국에서 '최고가 아파트'와 관련해 기사가 나올 때면 어김없이 등장하는 단어가 있다. 바로 '펜트하우스'이다. 국내외를 막론하고 펜트하우스는 이제 고급 주택의 대명사가 되었다.

분양 시장이 침체되어도 나홀로 호황을 누리는 주거 상품이 펜트하우스다. 최고급 주택에 대한 수요는 경기 여부와 관계없다는

170

의미이다.

펜트하우스 역시 진화를 거듭하는 중이다. 방수가 줄어드는 반면, 주차장이 넓어지고 있다. 각종 첨단장비도 속속 도입되고 있다. 요즘엔 황금 욕조까지 설치될 만큼 호화롭게 지어지고 있다. 대거 미분양이 발생한 아파트 단지라도 펜트하우스 만큼은 가장 먼저 소진되는 것이 일반적이다.

펜트하우스의 가장 큰 특징은 아파트 맨 꼭대기에 자리 잡고 있다는 점이다. 탁 트인 조망권이 일품이다. 그 만큼 분양가나 매매가가 높다. 인테리어도 항상 최고급으로 꾸며진다. 요즘에는 다락방 등이 설치된 복층형 구조가 일반화되는 추세이다. 가구당 면적이 330㎡(100평) 안팎에 달할 정도로 넓다.

서울 상봉동에서 공급된 S아파트 324㎡(98평)형 펜트하우스의 경우 시가 3000만 원짜리 황금 욕조와 황금 수도꼭지가 설치되었다. 동부이촌동 G아파트 펜트하우스에는 개인 풀(pool)장이 들어섰다. 정동 S아파트 357㎡(108평형) 펜트하우스에는 330㎡(100평)에 달하는 널찍한 테라스가 딸렸다. 최상층에서 즐길 수 있는 가족 전용 공원인 셈이다.

지방에서 공급된 펜트하우스도 화려함 면에서는 수도권 못지않다. 부산 명지지구에서 공급된 Q아파트 288㎡(87평형) 펜트하우스는 복층형 구조로 2층에 야외 테라스가 설치되어 있다. 바베큐 파티를 열거나 화단을 꾸밀 수 있다.

펜트하우스의 인기는 분양률에서도 확인된다. 판교 중대형 아파트 중에서 최고 인기를 끈 상품은 단연 펜트하우스였다. 서판교 현대 185㎡(56평형) 펜트하우스의 경우 무려 868대 1의 최고 경쟁률을 나타냈다. 동판교 금호 188㎡(57평형) 펜트하우스 역시 766대 1의 치열한 청약 경쟁률을 보였다. 파주 운정지구에서 한라건설이 내놓은 314㎡(95평형) 펜트하우스(4가구)는 고분양가 논란에도 불구하고 28대 1의 경쟁률로 조기 마감되었다.

펜트하우스가 부유층 사이에서 인기를 끄는 이유는 '희소가치' 때문이다. 공급물량이 워낙 적다 보니 수요가 항상 초과된다는 것이다. 꼭대기 층에 위치해야 펜트하우스란 '명함'을 내밀 수 있다는 점을 감안하면, 각 아파트 동마다 1~2개의 펜트하우스(타워형 기준)밖에 나올 수 없는 구조이다.

최상층에 위치하고 있기 때문에 탁월한 조망권을 자랑하는 것도 빼놓을 수 없는 펜트하우스만의 매력이다. 높은 곳에 자리 잡고 있어 입주민들이 더 많은 시야를 확보할 수 있게 된다는 이야기다.

삶의 질이 높아질수록 조망권의 가치는 더욱 커지게 마련이다. 분당 아파트 값의 결정요인을 분석한 논문(강장학 단국대 박사학위 논문)을 살펴보면, 조망권 등 쾌적성이 아파트 값에서 차지하는 비중은 약 20%이다. 특히 소득이 높은 사람일수록 아파트 구입

때 조망권을 많이 고려하는 것으로 조사됐다. 정부가 아파트 재산세를 매길 때 조망권을 고려하여 같은 단지내에서도 세금을 차등부과하는 것도 이 같은 맥락이다.

희소가치와 조망권 외에 펜트하우스에서는 철저한 사생활 보호가 가능하다는 점이 또 다른 인기 요인이다. 가장 높은 곳에 위치해 있어 다른 동에서 실내를 훔쳐보기가 힘들다. 층간 소음의 영향을 받을 일도 없다. 사생활 보호야말로 부유층이 가장 신경 쓰는 부분이라는 것을 감안한다면 펜트하우스의 인기가 높은 것은 전혀 이상한 일이 아니다.

미국 뉴욕 맨해튼에는 월 임대료 4만 5000달러짜리 아파트가 있다. 바로 '펜트하우스' 다. 연간 임대료를 계산하면 54만 달러에 달한다. 이 금액이면 애틀랜타나 덴버, 피츠버그 등 다른 대도시에서는 꽤 큰 집을 매입할 수 있다. 허드슨 강을 내려다보는 방 8개짜리 이 집은 발코니를 7개나 갖고 있다.

캐나다 밴쿠버에는 1000만 캐나다달러를 호가하는 펜트하우스가 있다. 캐나다에서 가장 비싼 이 아파트는 복층 구조이며, 내부 면적은 390㎡(118평) 정도이다. 바닥에서 천정까지 통유리로 된 창을 통해 인근 공원과 바다를 내려다볼 수 있다고 한다. 포도주 800병을 저장할 수 있는 시설과 대규모 파티를 열 수 있는 설비도 갖추고 있다.

우리나라도 예외는 아니다. 펜트하우스의 가격은 항상 지역 내 최고 분양가를 경신하고 있다.

두산건설은 1494가구의 아파트를 공급하면서 288~327㎡(87~99평형) 펜트하우스 13가구를 따로 분양하였다. 펜트하우스 가격이 지역 최고가인 3.3㎡(1평)당 1790만 원에 달해 동시에 분양할 경우 고분양가 논란을 피할 수 없었기 때문이다. 당시 같은 지역에서 아파트 분양에 나섰던 코오롱건설 역시 341㎡(103평형) 펜트하우스 3가구를 일반 아파트와 분리하여 따로 판매하는 전략을 세웠다.

대주건설은 용인 공세지구에서 중대형 아파트 2000가구를 공급하면서 분양가 차별화 전략을 폈다. 중형 아파트의 가격은 3.3㎡(1평)당 평균 1200만~1300만 원대로 책정한 반면, 펜트하우스의 경우에는 3.3㎡(1평)당 2000만 원의 고분양가를 내세웠다. 하지만 청약 경쟁률은 가격이 비싼 펜트하우스의 압승으로 나타났다.

앞으로 초고층 아파트가 잇따라 들어서면서 '특A급' 조망권을 갖춘 펜트하우스가 많이 나올 전망이다. 서울 도곡동 타워팰리스나 목동 하이페리온처럼 주상복합뿐만 아니라 일반 아파트도 초고층으로 지으려는 시도가 눈에 띄게 늘고 있다. 고급 펜트하우스가 많이 나올 수 있게 된다는 이야기다. 최초의 초고층 아파트인 삼성동 아이파크(46층)가 대한민국 대표 단지로 자리 잡은 이후 펜트하우스는 '부자들을 위한 주거 상품' 중 선두주자가 되었다.

발코니 트기의 절세법

새 아파트의 발코니 확장공사를 입주 후에 실시하면 절세할 수 있다. 정부가 아파트 취득 이후 발코니를 트면 취득세를 따로 부과하지 않기로 해서다. 하지만 발코니가 이미 확장된 아파트를 취득하면 확장비용까지 포함된 아파트 취득가액에 대해 세금을 내야 한다.

각종 옵션이 포함된 고급 차량을 구입할 경우 자동차 가격에 따라 취득세를 내지만, 옵션 장착이 안 된 차량을 구입한 뒤 각종 장치를 따로 장착하면 이에 대한 세금을 따로 내지 않는 것과 같은 이치다. 따라서 발코니를 확장하지 않은 아파트를 구입해 입주 후 공사하면 확장비용만큼 취득세액을 절약할 수 있다.

다만 아파트 건설사가 한꺼번에 발코니 확장공사를 실시하는 방식으로 분양할 경우, 개별공사 때보다 '공사비용'은 적게 드는 게 사실이다. 대량공사에 따른 '규모의 경제' 때문이다. 세금과 공사비용을 꼼꼼하게 따져볼 필요가 있다는 이야기다.

은퇴 노인들의 천국,
시니어타운

시니어타운이란

노인들의 전용 주거 공간을 의미하며 실버타운으로도 불린다.
노후생활을 하는 데 필요한 의료시설, 오락시설, 체력단련시설 등
을 갖추고 식사 관리와 생활편의, 의료 등의 서비스를 제공한다.

시니어타운_ 시니어타운은 노인들의 천국이다. 사진은 경기도 용인 삼성노블카운티에 거주하는 노인들이 취미 생활에 열중하는 모습

2001년부터 경기도 용인의 시니어타운인 삼성노블카운티에서 살고 있는 김호식(70) 강정애(63) 부부. 김 씨 부부는 하루에 두세 번밖에 서로 얼굴을 보지 못할 정도로 바쁘다. 전직 한의사인 김 씨는 오전 7시에 일어나 당구동호회와 마작동호회에서 활동한다. 틈나는 대로 의료봉사 활동도 하고 있다. 부인 강 씨는 오전 6시에 수영 강습을 받는 것을 시작으로 피아노와 채색화 그림 교육 등으로 하루 일정이 빡빡하다. 이들 부부는 다양한 활동을 하고 있지만 마음의 여유는 잃지 않고 있다. 무엇보다 전원생활이 즐겁다.

양로원이나 요양원과는 차원이 다르다

'5060세대'의 관심사 중 하나는 '노후에 어디에서 살 것인가'이다. 노인들은 대개 도심 아파트에서 생활하는 것보다 쾌적한 전원주택에서 살고 싶어 한다. 하지만 시골로 낙향할 경우 자녀들의 생활권과 너무 동떨어지게 되고 의료·문화 서비스를 제대로 받지 못할까봐 불안해한다. 그래서 등장한 새로운 주거 형태가 시니어타운이다. 우리나라 65세 이상 노인 인구의 비중이 2018년이면 14%를 넘어 고령화 사회로 진입할 전망이므로 시니어타운에 대한 수요는 앞으로 늘어날 것으로 보인다.

시니어타운은 양로원이나 요양원과는 차원이 다르다. 적지 않은 입주비용을 입주자가 부담해야 하고, 일반 아파트보다도 분양가가 높은 곳이 허다하다. 노인을 위한 다양한 위무 프로그램이 마련되어 있어 매달 지출되는 관리비와 생활비도 높은 편이다.

시니어타운은 대부분 노인복지법에 따른 '유료 노인복지시설'로 허가를 받는다. 공급 형태는 분양과 임대 모두 가능하다.

소비자 입장에선 청약통장 없이 만 20세 이상이면 누구나 분양받을 수 있다. 일반 주택처럼 소유권 이전 등기도 가능하다. 하지만 배우자 중 최소 한 명은 만 60세 이상이어야 입주할 수 있다.

시니어타운을 고를 때는 우선 입지를 따져봐야 한다. 가족들이 접근하기 쉽고 교통도 편리해야 한다. 거리가 너무 멀면 가족들과 자주 만나기 어렵다.

시니어타운을 분양받을 때는 관리비까지 꼼꼼하게 비교해 봐야 한다. 관리비는 일반적으로 평당 2만 원 안팎이다. 분양가도 인근

주택과 비교해 지나치게 높은 것은 아닌지 따져볼 필요가 있다. 입주 후 관리비 및 생활비가 월 100만~200만 원 정도로 높기 때문에 사전에 자금 준비를 철저히 해야 한다.

시니어타운의 전용률(공급면적 대비 주거 전용면적의 비율)은 대개 50% 수준으로 낮은 편이다. 요즘 건설되는 오피스텔이나 상가 전용률보다도 떨어진다. 전용률이 이처럼 낮은 것은 의료시설이나 편의시설이 시니어타운 내에 많이 들어서기 때문이다. 시니어타운마다 전용률을 비교해보는 것은 물론이고, 전용률이 낮은 만큼 필요한 편의시설이 제대로 갖추어져 있는지 점검해봐야 한다.

시니어타운을 임차하지 않고 분양받을 경우 시세차익을 기대할 수 있으며, 소유에 대한 만족도도 높다. 하지만 다른 주택을 동시에 갖고 있으면 1가구 2주택에 해당되어 세금부담이 커질 수 있으니 유념해야 한다. 반면 임대방식은 세금부담이 적고 퇴소할 때 곧바로 보증금을 돌려받을 수 있다.

시니어타운에 입주하면 의료, 오락, 운동 등의 부대 서비스가 중요하기 때문에 무엇보다 사업자가 믿을 만한지 확인해야 한다. 운영업체가 견실해야 평생 동안 지속적인 서비스를 받을 수 있다.

종합병원 등 의료시설이 얼마나 가까운지, 해당 병원과 얼마나 업무협조가 잘 되고 있는지도 살펴야 한다. 차로 10분 이내 거리에 연계 병원이 있는 곳이 좋다. 특히 시니어타운 내에 간호사가 최소 2명 이상 상주하고 있는지도 알아볼 점이다. 그래야 위급상황 때 신속하게 대처할 수 있다.

시니어타운은 양과 질적인 면에서 진화를 거듭하고 있다. 요즘엔 초기 분양에 실패하는 시니어타운이 많아지면서 의료 서비스를 강화하는 한편, 타운하우스와 같은 설계를 적용한 고급형 시니어타운이 많이 선보이고 있다.

시니어타운은 제도적으로도 '고품격'을 보장받게 됐다. 고령자의 주거 복지 향상을 주요 내용으로 하는 '고령자를 위한 공동주택 신축 기준'이 마련됐기 때문이다.

기준안에 따르면, 시니어타운 사업자가 단지를 계획할 때 남향으로 우선 배치하고, 산책로와 수경 공간, 텃밭 등 옥외 공간을 설치하는 한편 지붕이 있는 회랑 형식의 보행로(클로네이드)를 조성하도록 했다. 화재 등에 대비한 피난길을 확보하는 것은 물론이고 차별화된 현관 디자인을 적용하도록 고시했다.

외부 공간과 보행로에 야간 조명을 설치하고, 침실, 욕실에 비상호출장치를 설치하여 외부에 있는 응급기관과의 긴급 통보시스템을 마련하도록 했다. 이 기준은 고령자를 위한 공동주택 설계의 원칙을 제시한 것으로 시니어타운을 건설할 때 참고사항으로 쓰이게 된다.

다만 시니어타운은 기본적으로 투자상품이 아니라는 것을 명심해야 한다. 실제로 시니어타운을 분양받는 사람들 중 대부분은 투자보다 실거주를 염두에 두고 있다.

도심형, 도시근교형, 전원형 시니어타운

시니어타운은 △도심형 △도시근교형 △전원형 등 세 가지로 분류할 수 있다. 도심지역에 위치하여 편의성 면에서 가장 뛰어난 것이 도심형 시니어타운이다. 지금까지 가장 활발하게 공급된 형태이다.

도심형 시니어타운은 자녀나 친구들이 오고 가기에 쉽다는 것이 최대 장점이다. 하지만 도심의 공해와 주변 환경이 쾌적하지 못하다는 게 단점이다. 땅값 역시 높아 분양가가 비싸다.

SK건설이 서울 등촌동에서 분양한 '그레이스힐'은 도심형 시니어타운의 대표적인 예이다. 주치의가 상주하면서 신촌 세브란스병원 건강증진센터와 연계해 건강관리를 도와준다. 69~162㎡(21~49평형) 182가구로 구성되어 있다.

신성건설도 서울 평창동에 '신성아너스밸리'를 분양하였다. 3.3㎡(1평)당 1300만 원대로 가격이 다소 높은 편이었다. 송도병원이 모체인 서울시니어스타워도 각각 서울 강서구와 분당에 142가구, 252가구의 시니어타운 입주를 마쳤다. 모두 도심형 시니어타운이다.

요즘엔 도시근교형 시니어타운이 늘어나는 추세다. 비교적 접근성이 좋으며 가격도 상대적으로 저렴하다. 쾌적성 역시 갖추고 있다. 실제로 우리나라 노인들은 도심과 1시간 정도 거리에 떨어진 도시근교형 시니어타운을 가장 선호하는 것으로 나타났다. 삼성생명 공익재단이 운영하는 노블카운티가 2004년 수도권에 거주하는 220명을 대상으로 설문조사한 결과, 응답자의 78%가 도시근교형 시니어타운에서 생활하기를 희망했다.

명지건설의 '명지 엘펜하임'은 도시근교형 시니어타운이다. 경기도 용인시 남동 명지대 캠퍼스 옆에 지어진 이곳은 2004년에 1차로 336가구가 첫 공급되어 모두 성공리에 분양되었다. 순차적으로 시니어타운이 모두 공급되면 총 1200가구의 대단지가 형성된다. 시니어타운 개발업체인 토마토하우스는 분당 정자동에서 도시근교형 시니어타운 '피더하우스'를 영구 임대 방식으로 공급했다.

전원형 시니어타운의 경우 수요가 적은 편이어서 공급 자체가 많지 않다. 주로 지방의 온천이나 관광지 인근에 자리 잡고 있다. 편의시설과 의료시설이 모두 단지 안에 있어 편리하지만, 기존 생활권에서 멀기 때문에 입주민들이 고립감을 쉽게 느낄 수 있다.

전원형 시니어타운인 김제시 노인종합복지타운은 부지 6만 6116㎡(2만평) 규모에 주거시설과 게이트볼장, 야외공연장, 일거리 창출센터 등이 단계적으로 마련되고 있다. 정부가 지원하는데다 땅값도 저렴하기 때문에 '서민형' 시니어타운으로 분류된다. 60세 이상 노인이 보증금 2000만 원만 내면 10년 동안 거주할 수 있다.

미국, 일본 등 선진국에선 고급 시니어타운이 은퇴 노인들로부터 큰 인기를 모으고 있다. 우리나라보다 고령화를 일찍 경험하면서 시니어타운이 이미 대중화 단계로 접어드는 추세다.

10~20년 전부터 속속 고급 시니어타운을 선보인 일본의 경우 대표적인 브랜드 '선시티'가 시니어타운 업계를 석권했다. 도쿄와 요코하마 등 대도시 주변에만 선시티 시니어타운이 10여 곳 운영 중이다. 강변에 자리 잡고 있어 조망권이 뛰어난 '세루가' 시니어타운의 경우 분양가가 최고 8억 엔에 달했지만 큰 인기를 끌었다.

미국 역시 마찬가지다. 1000가구가 넘는 대형 시니어타운이 곳곳에 건설되고 있다. 시애틀의 대표적인 시니어타운인 '트릴로지(Trilogy, 3부작이란 뜻)' 역시 대규모 주거 단지다.

18홀짜리 정규 골프장을 끼고 있으며 단독주택과 고급 타운하우스로 이루어져 있다. 55세 이상의 노인들만 입주할 수 있다. 다만 입주민 가족에 한해 최장 2개월 정도 머물 수 있도록 하고 있다. 단기적으로는 일주일에 2~3일씩 머무는 것도 가능하다. 손자·손녀들이 방학 때 놀러 와서 한동안 머물다 가는 경우가 많다고 운영업체 측은 설명했다.

트릴로지는 엄청난 규모의 커뮤니티 시설이 가장 큰 자랑거리다. 골프장뿐만 아니라 수영장, 테니스장, 포켓볼장, 스파, 마사지실, 인터넷실, 학습실, 파티장, 도서관 등이 마련되어 있다.

입주민을 위한 댄스, 도자기, 요가, 요리, 사진, 그림 등 40여 가지의 강습 프로그램이 진행 중이다. 단지 안에서 정기적으로 포커 게임 대회도 열고 있다.

입주민들이 손님을 맞을 수 있도록 커뮤니티 센터 안에 바(bar)가 운영되고 있다. 이곳에서는 커피, 맥주, 음료수 등이 저가에 판매된다. 오전 7시에 문을 열어 오후 3시 30분이면 문을 닫는다.

입주민들의 손자·손녀를 위한 놀이터도 따로 마련되어 있다. 대연회장에선 아이들을 위한 행사가 자주 열린다. 노인들과 아이들의 미술소품 만들기 경연대회가 대표적인 예다. 인근에 있는 워싱턴주립대 등의 교수, 학생들이 컴퓨터 실습 등 자원봉사를 해주고 있다.

건강을 위해 마련한 산책로는 총 17마일에 달할 정도로 길다. 걷거나 자전거 혹은 말을 타고 다닐 수 있다. 입주민들이 멀리 이동할 때는 보통 팀을 짜서 움직이기 때문에 그다지 위험하지 않다. 혼자 사는 노인들이 배우자를 찾을 수 있도록 정기적으로 파티까지 열고 있다.

관리비는 단독주택이 월 105달러, 타운하우스가 월 165달러 정도다. 다만 전기세, 인터넷 사용료, 쓰레기 처리비용 등은 따로 내야 한다.

트릴로지 한 채의 가격은 40만~80만 달러 수준이다. 노인 거주 주택이기 때문에 계단을 찾아보기 힘든 게 특징이다. 2층 건물에도 엘리베이터가 설치되어 있다.

주택 내부는 부부침실보다 파우더 룸이 더 넓은 게 특징이다. 파우더 룸은 욕실과 옷장, 샤워실 등으로 구성되어 있다. 손자·손녀 등 자녀 방이 별도로 꾸며져 있다.

트릴로지 시니어타운 인근어는 상권도 형성되고 있다. 1000가구 이상 대단지인데다 부유한 노인들이 많이 입주하다 보니 자연스레 상가들이 하나 둘씩 증가하는 추세다.

미국인들, 시니어타운에 반하다

대형 시니어타운이 미국인들의 생활 풍속도를 바꿔놓고 있다. 최초의 은퇴자 도시는 1960년에 탄생(애리조나 주 선시티)했지만, 정착 단계에 접어든 것은 최근 들어서다. '은퇴자의, 은퇴자에 의한, 은퇴자를 위한' 이 같은 시니어타운은 미국 전역에 걸쳐 수백 곳에 달하는 것으로 추산된다. 폭넓은 인기를 바탕으로 그 숫자도 급증하고 있다. 은퇴자 도시에는 1000~4만 가구가 거주하고 있으며, 가족 중 한 명은 반드시 55세 이상이어야 한다.

애리조나주 선시티는 최초의 '노인 전용도시'다. 현재 4만여 명이 거주하고 있다. 이곳의 인기 비결은 한두 가지로 요약하기 힘들다. 우선 골프장이 많다. 거주자들이 공동으로 소유하고 있는 골프장 7개, 사설 골프장 1개, 퍼블릭 골프장 1개 등 총 9개가 있다. 모두 도시 한복판에 자리 잡고 있다. 골프장 연회비가 250달러 수준에 불과하다. 집 앞에 위치해 있어 주민의 절반가량이 골프를 즐기고 있다.

레크리에이션 센터도 4곳에 달한다. 이곳에서는 볼링, 댄스, 당구, 포커, 라켓볼, 소프트볼, 수영, 탁구, 테니스, 비디오게임, 자전거, 영화, 도예, 서예, 컴퓨터 등 수백 가지의 프로그램을 즐길 수 있다. 연회비는 5~25달러 수준으로 저렴하다.

주택의 종류도 다양한 편이다. 단독주택부터 2가구씩 끊어 짓는 듀플렉스, 3가구 단위의 트리플렉스, 타운하우스, 콘도미니엄(아파트) 등으로 구분된다. 주택 가격은 20만~80만 달러 선이다.

선시티의 병원 및 응급의료시스템은 주(州)내 최고 수준이다. 긴급상황이 발생하면 즉시 출동할 수 있는 소방서가 3곳이나 있다. 대형 종합병원인 선헬스델웹 병원과 전국적으로 유명한 노인 전문인 보스웰 병원이 중심부에 자리 잡고 있다. 이 때문에 인근 도시의 '젊은' 환자들까지 선시티를 많이 찾아온다.

선시티에서 운영되는 병원의 진짜 힘은 자원봉사에서 나온다. 병원 안내에서부터 병실 정리, 경비 업무 등 모든 분야에서 '노인' 자원봉사자들이 활동하고 있다. 이 병원에만 자그마치 3700여 명의 봉사자들이 시간제로 일하고 있다.

기부 문화도 다른 어느 도시보다 뿌리 깊다. 선시티에서 여생을 보내는 노인들이 사후(死後) 남은 자산을 지역사회에 환원하는 것이다.

선시티의 모델을 우리나라에도 적용할 수 있을까. 'Yes'라고 믿는 사람들이 늘고 있다. 국민소득이 선진국 수준에 근접하고 있는데다 노인 인구가 급속히 늘고 있어서다. 개인연금, 국민연금, 노령연금, 퇴직연금 등 각종 연금 수급체계가 갖춰지고 있는 것도 긍정적인 요인이다.

　이런 이유로 우리나라에 대규모 은퇴자 도시를 조성하면 호응을 얻을 수 있을 전망이다. 고령자를 위한 최적의 의료시스템과 여가 프로그램을 제공하여 신규 수요를 창출할 수 있다. 중산층 입주를 전제로 고급 커뮤니티도 자연스럽게 형성될 것이다. 춘천과 같은 휴양도시와 제주도와 같은 관광도시가 은퇴자 도시로선 최적지로 손꼽힌다.

　우리나라에 본격적인 의미의 은퇴자 도시가 조성될 경우 주거 트렌드는 지금과 많이 달라질 것 같다. 노후주택의 선호도가 도심 외곽 전원주택에서 은퇴자 도시 내 고급 주택으로 상당부분 옮겨갈 것으로 예상되기 때문이다.

안락한 자연생활의 묘미,
전원주택

전원주택이란

도시생활을 영위해 온 도시민이 교외나 농촌지역에 순수 거주
목적으로 지은 주택을 말한다. 녹지에 둘러싸여 시골의 정취를 물
씬 느낄 수 있는 주택이다. 창문을 열면 산과 들을 한눈에 바라볼
수 있어 진정한 전원생활이 가능하다.

전원주택_ 전원생활을 제대로 즐기기 위해선 멋진 전원주택이 필수다. 사진은 경기 광주의 한 전원주택 단지 모습

서울에 살다 강원도 원주 인근의 정원이 딸린 전원주택으로 이사 온 박 모 씨(44). 그는 도시생활에 염증을 느끼게 되자 평소의 소망이던 '낙향'을 행동으로 옮겼다. 이후 한 번도 후회해 본 적이 없다고 했다. 자녀 교육 여건이 생각보다 나쁘지 않았고, 그동안 땅값이 뛰면서 재테크 면에서도 평가차익까지 얻을 수 있었다. 박 씨는 전원생활에 성공하기 위해선 정서적인 면에서 준비를 많이 해야 한다고 강조했다.

하지만 대령 예편 후 충남 태안의 안면도 인근 바닷가에 전원주택을 장만한 고 모 씨(58)는 이런 문제가 간단치 않음을 보여주는 사례다. 고 씨의 바닷가 전원주택은 그림 같은 조망권 때문에 친척들이 돌아가면서 들를 정도로 인기를 끌었다. 그러다 고 씨는 전원주택 일부를 펜션으로 전환하여 본격적으로 돈을 받고 손님을 유치하기 시작했다.

하지만 펜션 운영이 '일'이 되어 버리자 고 씨는 바깥 나들이에 제한을 받았다. 친척들 경조사 때도 쉽게 움직일 수 없게 되었다. 장성한 자녀들은 이사 초기에만 자주 방문했을 뿐 안면도까지 잘 내려오지 않으려 했다. 거리가 너무 멀다는 게 이유였다.

설상가상으로 이웃집과도 점차 멀어졌다. 시골 사람들과의 '문화적 차이'가 쉽게 좁혀지지 않았다. 집 주변으로 울타리를 쳤지만, 그럴수록 더욱 외로워질 뿐이었다. 아내는 백화점을 이용하지 못하는 게 늘 불만이었다. 고 씨는 전원생활을 접고 다시 도시로 나갈 것인지 심각하게 고민 중이다.

전원생활의 성공과 실패는 철저한 준비에 있다

전원생활에 성공적으로 정착하고 있는 박 씨와 적응에 실패한 고 씨. 평소 전원생활을 위해 얼마나 준비했느냐가 이런 차이를 가져왔다. 성공하든 실패하든 간에 요즘 전원주택을 찾는 사람들이 예전보다 늘어난 것만은 사실이다.

다만 땅을 구입해 곧바로 전원주택을 짓지 않고 묵혀 두면서 땅값이 올라가기만 바라는 것은 절대 금물이다. 땅을 구입한 후 곧바로 집을 짓지 않으면 세금 부담이 크게 늘어나기 때문이다. 땅을 사서 값이 오르면 되팔겠다는 생각보다 땅을 이용하고 개발해 투자가치를 높이겠다는 자세가 바람직하다.

전원주택을 고를 때는 굳이 너무 한적한 곳을 고집할 필요가 없다. 읍내와 가까워야 각종 생활 편의시설을 이용할 수 있다. 마을 주민들이 사는 동네와 너무 멀리 떨어져도 투자비용이 커진다. 상하수도 처리시설이나 전기시설 설치비용을 개인이 추가로 부담해야 한다.

처음부터 전원주택을 지을 빈 땅을 찾아 신축하는 것보다 기존 주택 중에서 고르는 게 더 나을 수도 있다. 기존의 전원주택은 이미 자연환경이 좋은 지역에 자리 잡고 있고, 나무나 정원, 텃밭 등 주변 환경이 잘 조성되어 있는 경우가 많다. 지방을 돌아다녀보면 전원주택을 지을 수 있는 관리지역(옛 준농림지)의 대지나 기존 주택, 농가 등의 매물을 쉽게 구할 수 있다.

특히 수도권 지역에 전원주택을 지을 경우에는 까다로운 건축 허가 절차나 환경 규제를 통과해야 한다. 기존 전원주택을 매입하면 이런 일로 골치를 썩일 일이 없다. 이런 주택을 매입한 다음 리모델링하면 훌륭한 전원주택으로 탈바꿈할 수도 있다.

전원주택(또는 전원주택 부지)을 구하기 위해 답사를 떠나기 전에는 공신력 있는 부동산 전문업체를 통해서 해당 지역의 매물을 소개받는 것이 안전하다. 또 현지 중개업소를 직접 방문하여 주변 땅값과 비교해 너무 터무니없이 높은 가격은 아닌지 확인할 필요가 있다. 도로에 접한 토지인지, 주변에 혐오시설이 있거나 개발제한구역은 아닌지 등도 살펴봐야 할 점이다.

무턱대고 싼 맛에 도로가 없는 땅을 사놓고 전원으로 내려오지 못하거나 집을 다 지어 놓고도 물을 구하지 못해 고민하는 사람들도 있다.

서울 마포구에 사는 서 모 씨(52)는 몇 년 전 충북 충주호 바로 앞에 전원주택을 지었다가 지하수가 나오지 않아 큰 고통을 겪었다. 큰 호수 바로 앞이라 자연히 물이 풍부할 것이라 생각했지만 전혀 딴판이었다. 결국 멀리서 굴을 끌어오느라 목돈을 들일 수밖에 없었다.

전원주택 답사에 나설 때는 정밀한 지도를 빠트려선 안 된다. 현장에 도착하면 지도와 하나씩 대조하면서 도로사정을 살펴야 한다. 특히 확장 중이거나 예정인 도로부터 확인하는 게 순서다. 도로 개통 여부는 생활편의뿐만 아니라 부동산 가치에도 큰 영향을 미친다.

단지형 전원주택 부지를 사더라도 매입자가 대행업체에 일괄로 맡기지 않고 주택 설계부터 시공까지 스스로 처리하는 것이 요즘 추세다. 설계비는 대략 건당 500만 원 안팎이다. 건축비의 경우 3.3㎡(1평)당 300만 원선으로 잡는 게 일반적이지만, 600만 원 안팎을 들여 호화 별장 형태로 짓는 사람도 있다. 시공기간은 길게 잡아도 3개월이면 끝난다.

전원주택지로 임야보다 관리지역 농지를 선호하는 경향이 점차 두드러지고 있다. 개발이 쉽지 않은 임야보다 주말농장식으로 농사를 지으면서 천천히 전원주택을 지을 수 있는 농지에 더 큰 관심을 보이고 있는 것이다. 농지를 고를 때는 폭 4m 이상의 진입로가 확보되어 있는지 가장 먼저 살펴야 한다.

매입 전에 개발 가능성 등을 확인하기 위해서 △토지대장 △토지이용계획확인원 △지적도 △등기부등본 등을 꼭 떼어봐야 한다. 특히 정부 규제로 한 번 땅을 사면 되팔기 어려우므로 실수요 목적으로 접근하고, 투자 목적이더라도 5년 이상 장기로 생각해야 한다.

양도세 중과 대상에서 제외되는 조건들

요즘에는 전원주택 시장 역시 불황을 면치 못하고 있다. 세금 부담이 만만치 않게 높아졌기 때문이다. 우선 전원주택을 포함해 1가구 2주택 보유자들은 50%의 무거운 양도세를 물어야 한다.

다만 수도권 이외 읍·면 지역에서 연면적 149㎡(45평) 이하의 농촌주택을 갖고 있다면 주택 수 산정에서 빠질 수 있다. 다만 이때도 대지 면적이 661㎡(200평) 이하이고, 기준시가도 7000만 원

194

이하여야 한다. 이 기준을 만족시킨다면 1가구 2주택이나 3주택 이상 중과세 대상에서 제외된다는 뜻이다. 조건은 있다. 도시 주택은 3년 이상 보유하고 1년 이상 거주해야 하며, 새로 산 농어촌주택도 3년 이상 보유해야 한다.

또 국토계획법에 의한 도시지역이나 토지거래 허가구역, 관광단지, 투기지역 등 부동산 가격 안정이 필요하다고 인정되는 지역은 제외된다.

998㎡(302평) 미만의 주말농장(땅)을 도시민이 소유할 경우에도 통상 적용되는 양도세 중과 대상(차익의 60%)에서 제외된다. 소형 전원주택과 주말농장을 동시에 갖고 있는 소유자들이 일정기간이 지난 뒤 이를 되팔 때 양도세 중과세 부담에서 벗어날 수 있다는 이야기다. 농업진흥지역 밖 주말농장에 짓는 연면적 33㎡(10평) 이하의 소형주택은 대체농지조성비(평당 3만 원선)도 감면된다.

수도권의 전원주택지로는 경기도 양평, 가평이 첫 손에 꼽힌다. 수도권에서 유일하게 남한강과 북한강을 동시에 끼고 있는 지역이다. 남한강 유역인 양평군 강상 · 강하면과 북한강 유역인 양서 · 서종면에 전원주택지가 집중되어 있다.

수도권 남부에서는 용인 수지읍 일대가 대표적인 전원주택지다. 용인 고기리 역시 인기를 끌고 있다. 경기도 광주에선 퇴촌, 실촌, 오포, 초월면에 전원주택 단지가 집중되어 있다. 다만 용인,

양평, 남양주, 광주, 이천 등지의 상수원 보호구역에서는 신규 건축이 제한되고 있다는 점에 유의해야 한다. 김포 일대에서는 월곶면 문수산 산림욕장 근처에 많다.

강원도는 서울에서 상대적으로 먼 편이지만 땅값이 싼 게 매력이다. 전원주택을 지을 수 있는 평창, 횡성 등의 준농림지가 인기다. 42번 국도와 갑천면 다목적댐 주변에 많다.

평창은 인체에 가장 적합한 기상상태라는 해발 700m에 위치하여 휴양형 주말주택을 마련하기에 적합하다. 충청도에선 금강 주변인 공주시와 금산군, 논산 등이 전원주택지로 인기를 끌고 있다.

전원주택 체크 리스트 Key Point

- 도심에서 1시간 30분 이내 거리인가
- 과세특례 혜택을 받을 수 있나
- 부지에서 바라본 전망이 트여 있는가
- 부지의 경사도가 30도 이하인가
- 범람 위험 있는 하천, 계곡이 가깝지 않나
- 주변에 보호수목이 많지는 않나
- 묘지, 공장 등 혐오시설은 없나
- 지하수가 필요한 만큼 나오는가

196

가평, 양평의 전원주택 가보니

서울 강일IC를 벗어난 지 30여분. 북한강과 남한강을 가르는 경기도 양평군 양서면 양수리(두 강을 갈랐다는 뜻으로 '두물머리'라고도 불림)에 도착하니 전원주택 단지들이 눈에 띄게 많아졌다. 양평에서는 이곳을 비롯하여 서종면, 강하면, 개군면 등을 중심으로 전원주택 단지들이 급속히 확산되는 추세다. 경춘가도 (46번 국도)를 따라 춘천 방향으로 좀 더 향하면 대단지 펜션이 성업 중이다.

양평·가평지역은 북한강, 남한강 등 천혜의 자연조건을 갖춘데다 서울에서 가깝다는 점 때문에 전원주택 실수요자들로부터 각광받는 곳이다. 특히 토지거래허가구역 등 각종 규제에서 자유롭다는 점이 부각되면서 전원주택을 찾는 사람들의 관심이 더욱 높아졌다.

양평군 양서면 대심리 땅은 강폭이 넓은 남한강을 조망할 수 있어 이 일대에서 최고 가격이다. 가평군의 경우 사룡, 송산, 호명, 고성, 금대, 복장리 일대의 전원주택 부지가 가장 비싼 편이다. 정부 규제라곤 수변구역제한밖에 없다. 송산리의 경우 통일교 재단이 토지의 상당부분을 소유하고 있어서 매물이 거의 없다. 금대리는 가평군 내 다른 곳보다 서울에서 멀리 떨어져 있지만 남이섬이 가까워 가격이 강세다. 경사가 25도를 넘으면 전원주택 허가가 나오지 않기 때문에 이 일대에서 향후 추가로 나올 만한 전원주택 부지는 거의 없다.

특히 경춘고속도로의 인터체인지가 들어설 사룡, 송산리와 복선전철 역사가 지어질 호명리(상천역사) 일대 땅값이 비싼 편이다.

평창, 횡성의 전원주택 가보니

강원도 평창, 횡성일대에서도 전원주택 개발 붐이 거세다. 서울에서 1시간 30분 이내 거리인 휴양 단지이고, 땅값이 비교적 저렴하기 때문에 경기도의 대체 전원주택지로 각광받고 있다.

평창, 횡성일대의 전원주택 부지가격은 수도권인 가평, 양평일대의 20~30% 수준에 불과하다. 현지 중개업소를 찾는 고객 가운데 서울을 포함한 수도권 사람이 약 80%를 차지하고 있지만, 대전, 부산 등지에서도 꾸준히 오고 있다.

전원주택을 찾는 주요 수요층은 종전의 50~60대에서 40대 중반으로 점차 젊어지는 추세다. 퇴직금 중간 정산을 받은 직장인들이 2억~3억 원 정도로 전원주택을 마련하기에 강원도만큼 좋은 곳이 없기 때문이다.

특히 평창, 횡성일대의 전원주택을 매입하기 전에는 △인허가 여부 △필지분할 여부 △소유권 이전 등기 가능 여부 등을 면밀히 따져야 한다. 기획 부동산이 워낙 판치고 있기 때문이다. 실제로 평창, 횡성에서 P빌리지, S빌리지 등이 전원주택 부지를 분양하던 도중 부도를 내 계약자들이 중도금을 돌려받지 못했다.

설계를 마음대로,
택지지구 단독주택

택지지구 단독주택이란

한국토지공사, 대한주택공사, 지방자치단체 등이 개발하는 택
지개발지구 내의 단독주택 부지를 말한다. 쾌적한 전원생활과 신
도시의 편리성을 동시에 누릴 수 있다.

2006년 가을, 경기도 용인 흥덕지구의 단독주택지를 수의계약 방식으로 매입한 김 모 씨(51). 분양가가 주변 땅값보다 비싼 3.3㎡(1평)당 500여만 원에 달했지만, 당시 거주하고 있던 서울의 아파트를 담보로 계약금을 마련했다. 그가 매입한 땅은 496㎡(150평) 규모. 그림 같은 2층짜리 단독주택을 지은 그는 이 집에서 노후를 보낼 생각이다.

신도시에서 전원생활을 누리다

택지개발지구 내 단독주택은 여유로운 생활을 꿈꾸는 도시민들 사이에서 인기를 얻고 있는 '틈새상품'이다. 특히 은퇴를 앞두고 있는 40~50대로부터 관심을 끌고 있다.

택지지구 단독주택의 경우 신도시 기반 시설을 이용하기 쉬우며 쾌적한 전원생활까지 즐길 수 있다는 것이 최대 강점이다. 지역난방 방식이 적용되어 난방비도 절약할 수 있다. 요즘에는 가족 수나 생활방식을 반영하여 전문설계업체에 주택 설계를 맡겨 예쁘고 독특한 집을 짓는 게 유행이다.

택지지구 내 단독주택을 짓기 위해서는 우선 토공, 주공 등으로부터 땅을 매입해야 한다. 이미 지어진 단독주택을 기존 소유주로부터 매입하는 방법도 있지만, 이 경우 자신이 원하는 주택을 찾기 어려울 수 있다. 웃돈까지 추가로 지급해야 하는 만큼 새로 공급되는 단독주택지를 분양받는 게 훨씬 낫다.

택지지구 단독주택지는 일반 매수 희망자에게 감정가로 공급된다. 무주택자를 대상으로 1순위 신청을 받는다. 입찰자가 없을 경우 수의계약 방식으로 전환되며 이때는 자격 제한이 없다. 인기가 높으면 추첨을 통해 계약자를 정한다. 일반적으로 단독주택지가 1순위에서 마감되는 경우는 별로 없다. 초기 분양 땐 인기가 많지 않은 게 보통이다.

필지당 198~265㎡(60~80평) 정도로 매각된다. 매각액의 5% 이내에서 보증금을 넣어야 접수할 수 있다. 당첨되면 계약금의 10%를 지불하고 5개월 이내에 잔금을 납부(일시불)하는 것이 원칙이다. 하지만 최장 2년까지 할부 납부도 가능하다.

단독주택지가 2종 주거지역으로 지정될 경우 연면적의 40%까지 근린생활시설을 넣을 수 있다. 3층짜리 건물을 지으면 1층을 수퍼마켓 등 상가로 활용할 수 있다. 노후에 소일거리로 식당이나 식료품 가게 등을 차릴 수 있는 것이다.

과거에는 땅을 매입한 뒤 5년 내에 집을 지어야 했지만, 지금은 이런 규제가 없어졌다. 언제든 원할 때 집을 지으면 된다.

단독주택지는 한 번 분양 받으면 소유권 이전 등기 전까지 전매할 수 없다. 따라서 되팔 목적이라면 취득·등록세와 양도소득세까지 고려해야 한다. 특히 나대지 등 비사업용 토지에 대해서는 양도세가 실거래가 기준으로 60% 과세되고 있으며, 공시지가 기준 3억 원을 넘을 경우 종합부동산세까지 내야 한다는 점을 알아야 한다.

택지개발지구 내 단독주택은 갈수록 넓어지는 추세다. 삶의 질이 높아지고 저밀도 주택에 대한 관심이 커지고 있어서다. 단독주택지를 집중 공급하는 토공의 경우 대지 기준 330㎡(100평) 이상 대형 주택지를 대폭 늘리고 있다.

예를 들어 용인 흥덕지구 내 단독주택지는 대지면적 기준으로 평균 397~496㎡(120~150평)짜리로 공급되었다. 한해 전 선보인 파주 교하지구의 단독주택지가 231~265㎡(70~80평) 위주였던 점을 감안하면 개별 대지면적이 1년 사이에 165㎡(50평) 이상 넓어진 셈이다. 임대주택이나 서민주택과 달리 단독주택의 경우 어느 정도 정원까지 가꿀 수 있도록 넓게 쪼갠다는 게 공급업체의 설명이다.

실제로 넓은 단독주택지를 매입할 경우 정원이나 텃밭을 가꿀 수 있어 좋다. 신도시 한가운데서 '전원생활'을 즐길 수 있는 것이다. 작은 수영장이나 연못을 파도 운치가 있다.

투자가치가 높은 단독주택 고르기

투자가치가 높은 단독주택을 고르기 위해서는 먼저 '괜찮은' 택지지구인지 따져봐야 한다. 판교나 송파 신도시 같은 관심지구 내 단독주택지가 향후 수익성도 높다. 택지지구 면적이 넓고 주변에 개발 호재까지 있으면 금상첨화다.

다만 판교의 경우 이주민에게 우선적으로 공급해야 하는 물량이 많다 보니 일반에 매각하는 물량은 아예 나오지 않았다. 판교에 자신만의 단독주택을 짓기 위해서는 이주민들이 갖고 있는 땅을 웃돈을 주고 매입할 수밖에 없다.

개별 단독주택지를 고를 때는 우선 감정가를 눈여겨볼 필요가 있다. 감정가가 높은 곳이 아무래도 좋은 위치란 뜻이다. 좀 비싸더라도 감정가가 높은 필지를 분양받는 게 좋다.

우리나라는 4계절이 뚜렷하기 때문에 햇볕과 바람의 방향도 무시하지 못할 요소다. 북쪽이 높고 남쪽이 낮은 곳이 좋다. 필지의 긴 변(장변)이 남북으로 향해야 한다. 지형이 평탄하다면 정방형 토지가 적당하다.

단독주택지의 쾌적성을 살리려면 아파트나 중심상업지에서 어느 정도 떨어져 있는 게 좋다. 근린공원이 주변에 위치하고 있다면 최상이다. 다만 호수나 하천 등 상습 안개지역은 폐질환이나 관절염을 유발할 수 있다는 사실을 알아두자. 도로 옆에 붙어 있어도 소음이 발생할 수 있다.

단독주택지 잘 고르는 요령

- 북고 · 남저형 지형이 가장 좋다.
- 필지의 긴 변이 남북 방향으로 향해야 한다.
- 초등학교와 너무 덜어선 안 된다.
- 아파트 단지와 어느 정도 떨어진 게 좋다.
- 근린공원이 옆에 있으면 최상

단독주택지를 매입할 때는 체크 리스트를 만들어 차량 진입이 수월한지, 습지나 연약 지반은 아닌지, 주변에 혐오시설은 없는지 꼼꼼히 따져봐야 한다.

◉ 단독주택지 현장조사할 때 점검할 점

항목		세부 점검 사항
토지 현황 조사	진입로	• 차량 진입의 용이성 • 진입로 포장 방식, 주차 차량 동선
	경사로	• 대지 조성 상태 점검 • 배수로 작업, 부대 토목공사 계획 검토
	지질조사	• 경암, 풍암, 습지, 연약지 등 토지 지질 검토
	토지 이용 계획	• 주택의 배치, 조경 계획, 담장 위치 • 오수관로, 전기 · 통신 분기점
	공사 진행	• 대지 주변 공사 장애물 존재 유무 • 민원 발생 소지
자연환경	일조권	• 남향 방위 확인 및 일조량 확보
	조망권	• 각 실의 조망권을 고려
	풍향	• 주택의 자연 환기, 통풍, 굴뚝
교통 및 입지 조건	교통	• 교통의 편리성과 주변 교통정비 상황 • 인접 대도시와의 관계
	입지 조건	• 대지 주변 혐오시설 및 위험시설의 유무 검토
문 화		• 교육 · 의료 · 근린생활 · 공공시설 유무 • 주민들의 성향

설계에서부터 입주까지 체크 포인트

단독주택지를 매입했다면 이제는 집을 지을 차례다. 건축사무소에 설계 용역을 맡기고 건축업자를 선정하여 멋진 집을 지으면 된다.

설계를 맡길 때는 요즘 시류에 맞게 '웰빙'을 염두에 두면 좋다.

동지 때 남쪽 창문을 통해 최소 4시간 이상 일조량을 확보할 수 있도록 설계하라. 특히 가사노동 시간을 줄일 수 있도록 주방 동선을 효율적으로 만들 필요가 있다. 주택 지붕은 직사각형에 가까운 형태여야 공사비가 적게 들고 비가 새는 원인을 차단할 수 있다.

주택 설계 시 실내 배치 요령

- 남향 : 거실, 자녀 방, 테라스, 발코니
- 동향 : 침실, 식당, 부엌
- 서향 : 탈의실, 욕실, 건조실
- 북향 : 냉장고, 저장실, 화장실

주차장을 만들 때는 주택 안쪽으로 차가 들어가도록 설계하는 게 좋다. 우리나라의 경우 눈·비가 많이 오기 때문이다. 일부 건설업체들이 직접 지어 분양하는 단독주택이나 타운하우스의 경우 주차장이 집 밖에 위치하는 경우가 많은데, 실제로 거주해 보면 눈이나 비가 올 때 불편하기 짝이 없다.

실내 구조는 남향에 거실, 자녀 방, 발코니 등을 넣고 동향에 침실, 식당, 주방 등을 배치한다. 서향에는 욕실, 건조실 등이 적당하다. 마당의 형태는 정사각형이 가장 좋다. 건물 연면적의 3배 정도가 추천된다. 거실이나 화장실 바닥, 계단 등에 미끄럼방지 타일을 깔면 효과적이다.

주택 설계를 할 때 체크할 항목은 △이웃과의 독립성이 보장되는지 △장래 가족 구조 변화에 대비할 수 있는지 △실내 통풍 및 채광이 잘 되는지 △창고가 따로 마련됐는지 등이다.

필지의 크기가 661㎡(200평)을 넘을 경우 일반 건설업 면허를 가진 시공업체를 선정해야 한다. 다만 이보다 작으면 자재를 구해 직접 지을 수 있다. 업체에 맡기기 전에는 자재의 샘플을 받아 작은 부분까지 지정해줘야 안전하다.

정원 조경을 꾸밀 때는 주변 풍경과 조화를 이루도록 하는 점이 무엇보다 중요하다. 또 주변에서 어떤 식물이 잘 자라는지 미리 알아둬야 낭패를 면할 수 있다. 흙이 얼마나 비옥한지, 배수가 잘 되는지도 살펴야 한다. 잡초를 줄이려면 조경 식물을 촘촘히 심는 게 좋다.

나무를 심을 때는 물을 흥건하게 줘야 한다. 봄철엔 나무가 수분을 많이 필요로 한다는 점에 유의해야 한다. 물주는 시간은 아침이나 해질 무렵이 적당하다.

입주할 때도 꼼꼼한 체크가 필요하다. 방문이 열렸을 때 다른 가구와 닿지는 않는지, 창문 잠금장치에 이상은 없는지, 벽지나 마루 등 마감상태는 괜찮은지, 욕실 배수가 원활한지 등을 먼저 살펴본다. 특히 하자가 발생할 경우 보수에 대한 법적 구속력이 없기 때문에 공사계약을 맺을 때 이에 대해 세밀하게 약정을 맺어 두는 게 중요하다. 공사 계약서에 하자보수 기간이 명시되어 있다면 무상보수가 가능하다.

● 단독주택 시공 후 입주할 때 체크 리스트

창호	• 방문의 열리는 방향 • 문이 열렸을 때 벽이나 다른 가구와 부딪치지 않는지 • 창문의 개폐는 원활한지 • 창문 잠금장치에 이상은 없는지 • 방문과 현관문의 열쇠 인수
가구	• 가구와 주방 싱크대의 위치
인테리어 마감상태	• 벽지, 페인트, 마루 등의 마감이 적당한지 • 추후 보수공사를 위해 타일, 온돌마루재, 도배지 등의 여분 자재 확보
전기설비	• 등 기구는 제대로 점등되는지 • 콘센트와 스위치가 제대로 작동하는지 • 누전차단기는 제대로 작동하는지
건축설비	• 욕실의 배수는 원활히 되는지 • 보일러의 작동 여부 • 상하수도에 이상은 없는지

자료출처 _ 한국토지공사

택지지구 단독주택 어떻게 분양받나

택지지구 단독주택지는 주거 전용과 점포 겸용 등 두 가지다. 주거 전용 단독주택지에는 집만 지을 수 있다. 따라서 상대적으로 주거 환경이 쾌적하다. 점포 겸용의 경우 3층짜리 집을 지은 후 1층을 상가로 쓸 수 있어 재테크 면에서 한결 낫다.

택지지구 단독주택지를 분양받기 위해서는 신문공고나 토공, 주공 홈페이지를 유심히 봐야 한다. 대략 분양공고 후 20일이 지난 다음 청약신청을 받는다.

공고일 기준 해당 지역에 거주하는 무주택 세대주가 1순위자다. 1순위에서 미달될 경우 2순위로 넘어가는데, 이때는 자격제한이 없다. 각 단독주택지마다 건축제한이 있다. 보통 건폐율 50~60%, 용적률 100~180%가 적용된다. 단독주택지도 도로나 산 등의 거리에 따라 감정가격에 차이가 난다. 위치와 가격을 따져 마음에 드는 필지를 정한 다음 토공, 주공의 인터넷 청약시스템을 통해 접수하면 된다. 이때 반드시 인터넷 공인인증서가 필요하다.

당첨됐다면 계약금 10%를 포함해 토지대금의 20% 이상을 납부하면 된다. 중도금의 70%까지 대출이 가능하다. 이주자용 택지나 협의 양도 택지가 아니라면 일반인이 땅을 분양받은 직후 전매하는 것은 불가능하다. 소유권 이전 등기를 마쳐야 매매할 수 있다. 토지거래허가구역일 경우에는 추후 매매할 때 역시 지자체의 허가를 받아 실수요자에게 팔아야 한다. 아파트와 같이 취득·등록세는 물론 종합부동산세를 포함한 재산세와 양도세가 부과된다.

이주자 택지와 협의 양도 택지

택지개발지구를 조성할 때 해당 지역의 원주민들에게 지급하는 땅이 이주자 택지(이택)와 협의 양도인 택지(협택)다. 이 중 이주자 택지는 토지보상법(공공용지의 취득 및 보상에 관한 법률)에 따라 택지지구 주민 공람 공고일 1년 이전까지 해당 지역 주택을 소유하고 거주해 온 사람으로 한정한다.

일반적으로 이주자 택지의 인기는 높지 않은 편이다. 1종 일반 주거용지(점포 겸용 단독주택지)를 공급하면 미달되기 일쑤다. 오히려 원주민 생활대책 용도로 지급하는 근린생활시설용지(20~27㎡)의 인기가 훨씬 높다.

이주자 택지를 공급받은 원주민들은 생활대책용지를 받을 수 있는 자격도 주어진다. 생활 터전을 상실한 데 따른 보상 성격이다. 보통 근린생활시설용지(근생용지)가 공급된다. 근생용지를 20~27㎡(6~8평)씩 자를 수 없기 때문에 원주민들이 구성한 상가조합에 일괄 공급한다. 이때는 감정가격 기준이다. 근생용지가 부족하면 일반 상업용지를 공급한다.

　　협의 양도인 택지는 건물과 관계없이 토지 소유자에게 공급되는 땅이다. 수도권의 경우 감정가격으로, 기타 지역은 조성 원가의 110%로 단독주택지를 공급한다. 집만 지을 수 있는 1종 전용 주거용지이다.

휴가철 대목을 잡아라,
레저주택

레저주택이란

휴양지 인근의 숙박시설용 주택을 통칭하는 개념이다. 소유주
가 직접 이용하거나 임대를 주어 일정 수입을 올릴 수 있다.

서울 성동구에 사는 양준현 씨(39)는 지난 겨울 동안 짭짤한 부대수입을 올렸다. 강원도 횡성군의 휴양리조트 인근에 사둔 아파트 덕분이었다. 이 아파트를 스키 동호회에 임대해 400만 원 이상 벌었다. 작년 초 4000만 원에 매입했으니, 겨울 한 철에만 10% 이상의 수익률을 올린 셈이다. 양 씨는 작년 봄부터 가을까지 이 아파트를 주말 별장 용도로 사용했는데, 올해는 같은 기간 지역 주민에게 월세를 놓을 계획이다. 올 겨울 전까지 매달 20~30만 원의 고정수입을 기대하고 있다.

주5일제와 소득증대로 날로 인기가 높다

휴양지 인근의 '레저주택'은 독특한 상품이다. 소유주가 자신의 입맛대로 임대, 별장 또는 직접 거주 목적으로 사용할 수 있다. 중산층을 중심으로 인기를 더해가는 중이다.

주5일 근무제 실시 이후 레저스포츠 인구가 많이 늘어난데다 교통망이 발달한 것이 첫 번째 이유이다. 휴양지 인근 레저주택으로는 전원주택이 첫 손에 꼽히지만, 요즘에는 콘도형 아파트와 골프빌리지 등으로 그 영역이 점차 넓어지는 추세다.

레저주택이 관심을 끄는 첫 번째 이유는 레저·휴양시설을 찾는 주말 인구가 급격히 늘어나고 있다는 데 있다. 주5일 근무제 정착 이후 나타난 변화이다. 소득증대와 함께 삶의 질이 높아지고 있는 것도 레저인구를 확산시키는 요인이다.

한국관광연구원 조사 결과를 보면, 우리나라 관광 인구는 연 5억 명 선(2008년 기준)이다. 중국, 대만, 홍콩, 싱가포르 등 아시아 관광객들이 우리나라 휴양지를 자주 찾으면서 레저주택 수요가 더욱 늘어날 전망이다.

교통망 개선도 빼놓을 수 없다. 특히 용평리조트, 휘닉스파크, 성우리조트, 알펜시아 등 휴양시설이 즐비한 강원도 평창, 횡성의 경우 수도권과의 거리가 좁혀지고 있다. 서울~원주 간 58.98km를 잇는 제2영동고속도로가 2012년 완공된다. 횡성~간평 간 국도 6호선과 진부~중봉 간 국도 59호선 등 보조 간선망은 물론 서울~원주 간 복선전철 역시 개통을 앞두고 있다.

전원주택의 천국인 경기도 가평, 양평지역은 서울로 출퇴근이 가능할 정도로 가깝다. 주말 별장 용도뿐만 아니라 실거주 목적으로도 손색이 없다.

레저주택의 종류는 다양하다

콘도 전용 객실을 비롯해 골프빌리지, 전원주택, 아파트 등 그 폭이 넓다. 이 중 전원주택은 도시민이 펜션으로 '개조' 해 임대수입을 얻을 수 있고, 아파트의 경우 월세 등을 받기 편리하다.

골프빌리지의 경우 고급 골프장을 덤으로 이용할 수 있다는 점이 매력이다. 콘도와 같이 1~2일 머물다 가는 개념이 아니라 최소 열흘 이상 중장기간 생활할 수 있는 정주형 주택이어서 세컨드하우스 용도로 알맞다.

레저주택은 대개 지방에 자리 잡고 있다. 때문에 분양권 상태라도 얼마든지 전매가 가능하다. 수도권에서 입주 때까지 분양권을 팔지 못하는 것과 대조적이다.

수도권 및 광역시에 있는 공시가격 1억 원 이하 주택이나 지방에 있는 3억 원 이하 주택의 경우 1가구 2주택자 중과세 대상에서도 제외된다. 도시 주택을 갖고 있는 사람이 절세 차원에서 접근해도 괜찮다는 이야기다.

특히 골프빌리지의 경우, 온 가족이 평생 거주할 수 있는 '주택' 이지만 관련법상 골프장 내 체육시설로 분류된다. 절세 혜택이 가장 뛰어난 상품 중 하나이다. 주택이 아니어서 종부세를 포함한 주택 보유세, 다주택 보유에 따른 양도소득세 중과를 피할 수 있다.

동일 차주에 대해 아파트 담보대출을 1건으로 제한하는 대출 규제에서도 벗어날 수 있다. 레저주택 대부분이 비투기지역에 위치하고 있기 때문이다. 다만 실거주가 드러날 경우 주거용으로 간주되어 추후 세금이 부과될 수도 있다.

휴양지 인근의 레저주택을 매입한 후 특정 계절 동안 임대해 줄 경우 적지 않은 수입을 기대할 수 있다. 특히 레저주택 매입자 중 상당수는 겨울철 특수를 노리고 있다. 매년 12월에서 3월까지 임대를 하면 66㎡(20평형)의 경우 400만 원, 99㎡(30평형)의 경우 500만 원가량 손에 쥘 수 있다. 스키나 스노보드 동호회에게 단체로 임대를 내주는 방식을 통해서다. 스키 마니아들 사이에서는 '시즌방'으로 불린다.

나머지 계절에는 월세를 받는다. 보통 보증금 100만~200만 원에 월세 20만~30만 원 수준이다. 수익률만 따져보면 관리비를 제외하고도 연 20%를 넘는 셈이다. 다만 단체를 대상으로 주택을 빌려주다 보니 관리하는 데 애로점이 발생할 수 있다.

스키장 인근에 있는 레저주택이 겨울철 특수를 노린다면 동해, 서해 등 바다 인근에 있는 레저주택은 여름철이 성수기이다.

분양업체가 임대 사업 희망자에 한해 임대 관리를 위탁·운영해 주기도 한다. 관리 운영비를 제외하고 나머지 금액을 수입으로 챙길 수 있다. 하지만 이 경우에는 자신이 원할 때 레저주택을 이용하지 못할 수도 있다.

레저주택을 선택할 때 첫 번째 기준은 휴양시설과의 거리다. 휴양시설에서 차로 20분 이상 떨어져 있으면 곤란하다. 특히 스키장, 계곡, 호수, 바다 등 관광자원과 인접해 있는 게 좋다.

콘도와 같이 계좌 방식으로 분양하는 곳이 적지 않다. 세밀하게 따져봐야 할 부분이다. 여러 계좌로 쪼개져 있으면 가격이 저렴해지지만, 원하는 날짜에 제대로 이용하지 못할 수 있다. 지분 형태여서 매매 시장에 내놓아도 팔기가 쉽지 않다.

레저주택 가운데 별장형 아파트의 경우 휴양지뿐만 아니라 도심지역에서도 거리가 가까워야 한다. 그래야 도심지역 출퇴근자에게 임대를 내주기가 쉽다. 아파트 임대를 줄 때는 겨울철 특수를 고려, 3개월이나 6개월 등 한시적으로 월세 계약을 맺는 게 좋다.

지방에 있는 레저주택 가운데 전세 임대 방식이 흔치 않다는 점은 꼭 기억해두자. 대개 보증부 월세 방식으로 임대한다. 보증금은 아주 적은 편이다. 따라서 레저주택을 매입할 때는 가급적 여유자금을 활용해야 한다.

임대수입보다 가족들의 '별장' 용으로 마련할 경우에는 다른 차원의 문제다. 이때는 아파트보다 단독주택형 레저주택이 낫다. 자연과 좀 더 가까운 주택 형태로, 원한다면 텃밭을 가꿀 수도 있다.

도시민이 소유하고 있는 998㎡(302평) 이하의 주말농장은 부재지주 양도세 중과(60%) 대상에서 제외되고 취득도 비교적 자유로운 편이다.

　개인 별장용으로 레저주택을 매입할 때는 '어떻게 관리할 것인가'에 대해 먼저 심사숙고할 필요가 있다. 멀리 떨어진 지방에 있는 주택을 오랫동안 관리하지 않으면 금방 낡아버리기 일쑤다.

동호인 주택 만들기

2007년 모 대학 부동산대학원 과정에 입학한 김성일 씨(39·세무사)는 최근 마음에 맞는 동기들과 '노후대비' 부동산 펀드를 만들었다. 각자 4000만 원씩 나누어 산세가 좋은 전원주택 부지를 공동 매입하기로 의기투합한 것이다. 김 씨는 입지가 좋은 땅을 매입하여 노후에 동기들과 집을 짓고 오순도순 모여 살 생각이다.

외환위기 직전 크게 유행했던 동호인 전원주택 바람이 다시 불고 있다. 10명 안팎의 지인들이 돈을 모아 땅을 공동으로 매입한 다음 전원주택 마을을 짓고 공동생활을 하는 풍조이다. 이 경우 큰 땅을 싸게 구입할 수 있으며, 실제로 전원생활을 할 때도 지인들을 이웃으로 두기 때문에 비교적 적응하기 쉽다는 장점이 있다.

동호인 방식으로 전원주택 부지를 물색할 때는 우선 실무를 책임질 대표를 뽑는 것이 순서다. 적당한 전원주택 부지를 찾은 다음 계약금을 지급하기 전에 세부적인 부분까지 모든 회원들의 동의를 받아야 뒤탈을 없앨 수 있다.

부지를 매입한 다음에는 반드시 필지 분할까지 끝마쳐야 한다. 지분등기 형태로 놔뒀다가 일부 회원들의 채무문제로 지분 전체에 압류가 들어오거나 가등기가 설정될 수도 있기 때문이다. 개인별로 별도 등기를 내지 않을 경우 다른 회원들의 재산권 행사에도 심각한 영향을 미칠 수 있다.

요즘엔 토지분할이 무척 어려워졌지만, 필지 분할 소송을 제기할 경우 불가능한 것도 아니다. 땅을 쪼갠 다음 각 지번의 소유자를 명확하게 구분하고 사도(사우 도로) 표시까지 해놓는 게 좋다.

무엇보다 성공적인 동호인 전원생활을 위해서는 부지 매입 목적이 투자용이 아니라 실거주용이란 인식을 공유할 필요가 있다. 이런 전제 아래 특정 시점까지 동호인 전원주택 단지로 이사를 갈 것이란 분명한 목표를 세워두는 것이 중요하다.

C h a p t e r

11

Real estate

상가를 직접 관리하는
상가주택

상가주택이란

주택형 상가로 근린상업지역에 자리 잡고 있다. 3층 건물을 기준으로 1~2층은 상가로, 3층은 주택으로 활용한다. 건물 소유주가 맨 꼭대기 층에 직접 거주하면서 아래층 상가를 관리하는 게 일반적이다.

상가주택＿상가주택을 매입한 뒤 직접 거주하면 아래층의 상가를 관리하기가 수월하다.

2006년 서울 송파구 잠실동의 아파트를 팔고 노원구 공릉동의 상가주택을 8억 5000만 원에 매입한 신범구 씨(52)는 요즘 싱글벙글이다. 이 상가주택에서 매달 330만 원의 고정수입(임대료)이 발생하고 있는데다 최근 들어 시세도 많이 올랐기 때문이다. 신 씨가 분석한 임대수익은 연 7.5% 선이다. 대지 248㎡(75평), 연면적 265㎡(80평)의 상가주택(3종 일반 주거지역) 꼭대기 층에 실제로 살고 있어 아래층 상가들을 관리하기에도 편리하다.

무주택자는 주택 비중이 높은 상가주택을 골라라

상가와 주택 기능을 동시에 갖춘 상가주택이 각종 정부 규제를 피할 수 있는 상품으로 부각되고 있다. 특히 상가와 주택 비중을 잘 따져서 매입할 경우 절세 효과까지 노릴 수 있다.

무주택자가 주택 비중이 많은 상가주택을 매입할 경우 현행 세법상 1가구 1주택 비과세 대상이 될 수 있다.

예컨대 5층짜리 상가주택에서 주택 부분 비율이 높을 경우 1가구 1주택 비과세 대상자에 한해 단독주택으로 간주된다. 가구별로 구분 등기가 되어 있지 않기 때문이다. 상가 부분까지 양도소득세를 한 푼도 낼 필요가 없다.

따라서 무주택자라면 주택 부분 비율이 높은 상가주택을 골라 매입하는 게 좋다. 서울과 과천, 분당, 일산, 산본, 중동, 평촌 등 과밀억제 성장관리권역에서 3년 이상 보유하고 2년 이상 거주(기타 지역은 3년 이상 보유 조건만 충족)하면 1가구 1주택자(상가주택 포함)에 한해 양도세 비과세 대상이 된다.

이때 유의할 점은 주택 부분 면적이 클 경우 시가가 6억 원을 넘지 않는 소규모 주택을 골라야 한다는 점이다. 주택 면적이 상가보다 크고 상가와 주택을 합한 시가가 6억 원 이상이면 고급 주택으로 간주되어 더 많은 세금을 내야 할 수도 있다.

반면 가구원이 주택을 한 채라도 보유하고 있다면 굳이 주택 비중이나 상가 비중을 따질 필요가 없다. 1가구 1주택자가 상가주택을 추가로 매입할 경우 주택 비중에 관계없이 2주택으로 간주되어 양도소득세(주택 1채를 팔 때 차익의 50%)를 내야 하기 때문이다. 이때는 주택과 상가 부분에 대해 세금이 각각 부과된다.

대학가 주변이나 상권이 약한 지역의 상가주택을 노려라

상가주택을 매입할 때는 굳이 유망지역인 서울 강남권만 고집할 필요가 없다. 오히려 강남권에는 거품이 형성된 곳이 적지 않다. 대학가 주변이나 상권이 약한 낙후지역의 상가주택에서 오히려 수익률이 높게 나오는 경우가 허다하다. 특히 오래된 상가주택은 땅값만 쳐서 살 수도 있기 때문에 향후 건물을 리모델링하면 투자가치를 높일 수 있다.

상가주택은 허가가 아닌 신고만으로도 용도를 바꿀 수 있다. 주택 부분을 음식점 등으로 손쉽게 전용할 수 있다.

상가주택의 매매가는 천차만별이지만, 이면도로에 위치한 연면적 330㎡(100평) 안팎의 3층 건물을 기준으로 5억~10억 원 선이다. 이 정도 상가주택이라면 1층의 66㎡(20평) 상가 2곳에서 총 보증금 1억 5000만 원에 총 월세 100만 원, 2층의 66㎡(20평) 투룸 2채를 총 보증금 5000만 원에 총 월세 80만 원 정도에 임대할 수 있다. 보증금에 대해 연 4.5%의 금리를 가정한다면, 연수입이 3000여만 원에 달하는 셈이다.

상가주택에 투자할 때는 일단 가장 큰 경쟁상품인 근린상가가 적은 곳을 택해야 한다. 임차인과의 관계가 중요하기 때문에 건물 매입 전에 등기부등본을 철저히 검토할 필요가 있다. 재개발·재건축 계획이 서있는 곳은 시세차익도 높다.

대한주택공사 등이 공급하는 상가주택 용지를 낙찰 받는 것도 저렴하게 매입할 수 있는 방법이다. 필지당 분양면적은 대략 198~265㎡(60~80평)이다. 연면적의 40%까지 상가로 지을 수 있다. 용적률은 100~150%대로 대부분 3층으로 지어진다. 무주택자만 신청 가능하다. 분양가가 정해진 상태에서 공개 분양하는 방식이다.

상가주택 투자하기

 Key Point

- 무주택자는 주택 비중이 높은 곳을 골라야 한다.
- 주택 비중이 클 경우 시가 6억 원 이하여야 한다.
- 기대 수익률은 일반 상가처럼 최소 연 6% 이상
- 강남권 등 유망지역만 고집할 필요가 없다.
- 점포에 임대형 주택까지 넣으면 위험 분산이 가능하다.
- 주변에 대형 상가가 없는 이면도로의 매물을 노려라.
- 재건축·재개발 계획이 서있으면 시세차익까지 노릴 수 있다.

재개발 빌라 투자법

재개발 가능성이 높은 빌라가 관심을 끈다. 재개발의 경우 재건축에 비해 규제가 적고 초기 자금 부담도 덜한 편이기 때문이다. 특히 정부가 주택 공급 확대 방안으로 서울 강북권의 재개발에 적극 나서고 있어 재개발 투자 기상도는 어느 때보다 밝다.

서울시의 재개발 대상지역은 총 300여 개 구역이다. 이들 지역은 2012년까지 사업시행인가를 받게 된다. 이 중 1000가구 이상 대단지 아파트가 들어설 것으로 예상되는 곳은 아현동, 길음동, 옥수동, 흑석동 등 30여 곳이다.

재개발에 관심 있는 투자자라면 우선 대단지 아파트가 들어설 지역을 눈여겨볼 필요가 있다. 그래야 편의시설이나 교육시설, 교통여건 등이 제대로 갖춰질 수 있다. 특히 대단지 재개발구역은 환금성이 뛰어나다는 특징도 갖고 있다.

재개발 투자는 대표적인 고위험, 고수익 상품인 만큼 철저한 사전조사가 필수다. 투자하기 전에 입지여건을 꼼꼼하게 따져보고, 예상 건립 가구 수가 조합원 수보다 많은지 살펴봐야 한다. 조합원 수가 워낙 많다면 작은 평형의 입주권만 받게 될 수도 있다. 조합설립인가를 받고 사업승인을 앞둔 곳을 매입하는 것이 안전하지만 사업 초기보다 부담금이 높은 것을 감안해야 한다.

이밖에 △조합원 간 내분은 없는지 △청산될 지분은 아닌지 △투자 금액이 너무 장기로 묶이는 것은 아닌지 △추가 부담금을 포함한 투자 금액이 주변 시세보다 높지는 않은지 등도 꼼꼼히 체크할 요소이다.

지역에 따라 편차가 있지만, 일반적으로 대지면적 기준으로 33~40㎡(10~12평) 이상 되어야 30평형대 아파트의 입주권을 배정받을 수 있다. 평당 가격이 가장 높은 것도 이 정도 면적의 땅이다. 이보다 면적이 넓으면 평당 가격이 낮아지고, 면적이 작으면 가격이 높아지는 게 일반적이다. 33~40㎡보다 작은 재개발 지분의 경우 처음부터 투자하지 않는 게 가장 안전하다. 다소 여유가 있다면 가급적 대지지분이 넓은 재개발 주택에 투자하는 게 좋다.

○ 뉴타운 사업 추진 절차

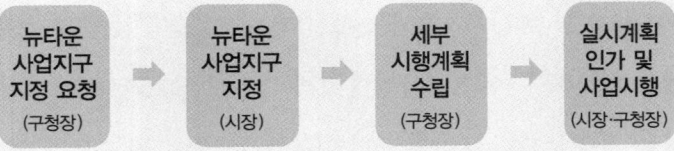

뉴타운 사업지구 지정 요청 (구청장) → 뉴타운 사업지구 지정 (시장) → 세부 시행계획 수립 (구청장) → 실시계획 인가 및 사업시행 (시장·구청장)

정부와 지자체가 지원하는
전원마을

전원마을이란

농림부가 지방자치단체와 공동으로 개발하고 있는 단지형 전원 주택이다. 민간에서도 전원주택 단지를 조성하지만, 전원마을의 경우 사업 안정성이 훨씬 더 높다.

강원도의 전원마을로 낙향할 예정인 경기도 분당의 오승근 씨(49)는 요즘 '농촌 배우기'에 한창이다. 인터넷을 통해 관련 자료를 모으는 한편 은퇴 후 시골에서 소일거리로 삼을 수 있는 취미생활을 발굴 중이다. 특히 전자부품 수출업체에 다니면서 부업으로 터득한 약초 가공 관련 노하우를 살려 농촌에 정착한 후에도 직접 생활비를 벌어 쓸 생각을 하고 있다.

위험부담도 없고 입주비도 저렴한 '도시민 은퇴마을'

오 씨처럼 은퇴 후 전원에서 노후를 보내겠다는 사람들이 부쩍 늘었다. 농림부가 서울 및 6대 광역시에 거주하는 베이비붐 세대(1955~1963년생) 1000명을 대상으로 설문조사한 결과, 56.3%가 은퇴 후 농촌지역으로 이주할 계획이 있다고 답했다. 이 중 41.4%는 실제로 이주를 준비하고 있었다. 이는 전원마을에 대한 일반인의 관심이 커지고 있다는 방증이다.

정부가 지자체와 연계해 조성하는 전원마을은 일반 전원주택 단지와 차이가 있다. 일반 전원주택 단지의 경우 민간 건설업체가 조성하기 때문에 부도 위험에 노출되어 있거나 분양가격이 주변 시세보다 턱없이 비싼 경우가 많다.

하지만 지자체 전원마을은 정부에서 '보증'하기 때문에 이런 염려가 없다. 상하수도, 도로, 전기 등 기반 시설을 지자체가 지원하는데다 최소 20가구 이상으로 구성되는 단지여서 생활비 등 입주비용도 저렴한 편이다.

이 같은 '도시민 은퇴마을'은 현재 강원, 충청, 경상, 전라도 등 전국 20~30곳에 분포되어 있다. 규모가 가장 큰 곳은 강원도 평창군 '비안마을'로 27만 1076㎡(8만 2000평)에 800가구가 들어선다. 경북 봉화군의 부랭이마을(561가구)과 충남 금산군 천내마을(497가구)도 대단위 전원마을이다.

강원도 횡성군 둔내면 '이든힐'의 경우 다른 단지와 차별화됐다. 리조트 빌라 형태로 17만 5207㎡(5만 3000평) 규모(300가구)이다. 성우리조트, 보광휘닉스파크, 용평리조트 등을 쉽게 이용할 수 있다.

입주비용은 단지 규모 및 지역에 따라 천차만별이다. 땅값 및 주택 건축비용을 포함한 입주비용은 평균 1억 8200만 원 선이다.

최저 8400만 원(전북 무주군)에서 최고 3억 2000만 원(충남 금산군)까지다.

예를 들어 강원도 고성군 죽왕면 오봉마을의 경우 단독주택 땅값이 4400만 원 정도다. 주택 건축비는 평당 220만~400만 원 선으로 63~165㎡(19~50평형)로 구성되어 있다. 충북 제천시 백운면 애련마을의 땅값은 이보다 저렴하다. 평당 20만 원 선이다.

농촌공사가 운영하는 농어촌 종합포털(www.nongchon.or.kr)에서 이와 관련한 자세한 내용을 확인할 수 있다.

다양한 편의시설과 프로그램을 갖춘 전원마을 입주하기

요즘 전원마을은 도시민의 취향을 반영하여 다양한 편의시설을 조성하고 있다. 골프연습장이나 테니스장, 특용작물원, 체조실 등을 만드는 한편 장터, 수지침 교실, 서예 교실, 댄스 교실, 영농교육실 등도 갖춰놓고 있다. 각종 교육 프로그램도 풍성하다. 이는 한적한 농촌에서 입주민들의 적적함을 달래주기 위한 수단이다.

은퇴자 중 골프 마니아들이 늘고 있다는 점을 감안하여 단지내에 아예 퍼블릭 골프장을 만드는 곳도 있다. 강원도 평창군 비안마을은 5홀짜리, 충남 금산군 천내마을은 6홀짜리, 경북 봉화군 파인토피아는 9홀짜리 골프파크를 각각 조성하고 있다.

전원마을에 입주하면 전통 체험 프로그램도 즐길 수 있다. 경남

의령군 백곡마을과 지곡마을은 입주민을 대상으로 산천렵, 짚풀 공예 등의 프로그램을 진행할 계획이다. 충남 금산군 천내마을에 서는 삼림욕, 요가 등을, 전북 순창군 금과마을은 종이공예, 압화 등을, 경북 경주시 산내마을은 한방메디컬 스파 등을, 경남 김해 시 여차마을은 등산, 전통문화활동 등을 체험 프로그램으로 각각 준비하고 있다.

입주 후 소득 창출을 돕겠다는 아이디어로 '승부수'를 띄우는 전원마을도 있다. 노후 연금이 부족한 도시민들은 이런 곳을 노려 볼 만하다.

충남 청양군 까치내마을은 입주민들이 무공해 쌀과 야채, 과일 등을 가공 및 판매할 수 있도록 할 방침이다. 전북 진안군 새울터 마을은 주민들이 공동으로 농사를 짓고 농산물에 고유 브랜드를 붙여 공동 판매할 수 있도록 하는 방안을 검토 중이다. 강원도 고 성군 오봉마을은 주민들이 수산물을 건조·가공하거나 약초·특용 작물 등을 직접 재배하여 소득원으로 활용토록 한다는 계획이다.

전원마을의 주택 형태도 각종 프로그램만큼이나 다양해지고 있 다. 이전에는 대개 단독주택 형태였지만 좀 더 고급스럽고 관리하 기 쉬운 타운하우스가 많아지는 추세다. 보통 2~3층 높이이며 개 별 정원을 갖고 있다.

강원도 평창군 비안마을은 전체 800가구 중 220가구가 타운하우스로 건립된다. 타운하우스로 지으면 땅을 효율적으로 사용할 수 있어서 대규모 조경시설을 만들 수 있다. 특히 전원생활을 꿈꾸는 30~40대 젊은층은 단독주택을 좋아하지만, 노인이나 활동이 불편한 사람은 관리하기 쉬운 타운하우스를 선호하고 있다.

횡성군 이든힐은 아예 타운하우스형 주거 단지로 조성되고 있다. 대지면적 1만 2476㎡(3774평)에 들어서는 1차 주택 51가구가 모두 타운하우스다. 경북 봉화군 봉성면(파인토피아)과 경남 함양군 지곡면(보산마을)에서도 고급형 타운하우스가 선보였다.

도시민이 전원마을에 입주할 경우에는 양도세를 줄일 수 있어 일석이조다. 도시에 주택을 갖고 있는 사람이 전원마을의 주택을 매입한 후 기존 주택을 팔 경우 양도세가 비과세되는 특례조항이 있기 때문이다.

단 수도권, 광역시를 제외한 읍·면 지역에 소재하는 주택을 2003년 8월 1일에서 2008년 12월 31일까지 취득하여 3년 이상 보유한 후에 기존 주택을 파는 조건이다. 또 전원주택의 면적은 대지 661㎡(200평), 전용 149㎡(45평) 이내여야 하고, 취득 당시의 기준시가가 7000만 원 이하여야 한다. '기준시가' 기준으로 양도세가 부과되기 때문에 분양가가 이보다 훨씬 높아도 비과세 혜택을 받는 데는 큰 문제가 없다. 호화 별장 형태가 아닌 일반 전원주택은 대부분 비과세 혜택을 받을 수 있다.

전원마을에 입주할 때도 건축비에 대해 가구당 3000만 원 한도 내에서 5년 거치(이자만 내는 기간) 15년 상환 조건으로 연 3~4%대의 저금리 대출을 받을 수 있다. 이와 별도로 정부에서 지원하는 전원마을 조성 부지가 농지일 경우 농지 전용에 따른 농지보전부담금 감면 혜택도 있다.

다만 각 지자체가 추진하는 전원마을 조성사업이 예상보다 지연될 가능성이 있는 만큼 실제 입주 때까지 여유를 갖고 준비해야 한다. 특히 지자체 전원마을은 입주자를 모두 모집한 다음 한꺼번에 구역을 지정받아 개발하는 방식이므로 경우에 따라 착공시기가 상당기간 늦어질 수도 있다.

농림수산식품부 및 지자체 예산 배정에 따라 사업이 지연될 가능성도 배제할 수 없다. 또 막상 땅만 매입해 놓고 상당기간 집을 짓지 않을 경우에는 지자체에 따라 일부 규제하는 곳도 있으니 미리 확인해 둘 필요가 있다.

'실제' 입주비용도 꼼꼼하게 따져봐야 할 요소다. 정부가 지원하는 전원마을이라 하더라도 건축비용을 포함해 가구당 1억 원을 훌쩍 넘는 곳이 허다하다. 따라서 △분양가격 및 생활비 △자녀 등 가족과의 거리 △은퇴 후 취미생활 등까지 고려하여 선택해야 한다.

매입해선 안 되는 땅

- 구거(도랑)를 끼고 있는 땅
- 마을에서 1.5km 이상 떨어진 땅
- 토질이 암반으로 되어 있는 땅
- 상수, 취수원과 지나치게 먼 땅
- 경사도가 20~30도 이상 되는 땅
- 수령이 30년 이상인 땅
- 지목이 유지로 되어 있는 땅
- 하천과 가까워 유실 가능한 땅
- 주변에 묘지, 전신주가 많은 땅
- 도로가 없는 맹지인 땅
- 이웃과 분쟁 가능성 있는 땅

지목, 용도지역, 용도지구, 용도구역

땅의 사용 목적에 따라 토지를 구분해 표시하는 것이 지목이다. 지적법에 따른 지목은 토지등기부에 표시되며 가장 기초적인 땅의 분류법이라고 할 수 있다.

지목은 총 28가지 종류로 구분된다. 전(밭), 답(논), 과수원, 목장용지, 임야, 광천지(온천수 나오는 땅), 염전, 대(垈), 공장용지, 주차장, 주유소 용지, 창고용지, 도로·철도용지, 제방·하천구거(인공수로·둑), 유지(저수지), 양어장, 수도용지, 공원, 체육용지, 유원지, 종교용지, 사적지. 묘지, 잡종지 등이다.

필지마다 하나의 지목을 설정하는 게 원칙이다. 하지만 1개의 필지가 여러 개의 지목 용도로 사용될 때는 주된 사용 목적에 따른 지목으로 정하게 된다. 여기서 필지란 하나의 토지 소유권이 미치는 땅의 범위를 말한다. 하나의 필지에는 하나의 지번이 붙는데 면적이나 형태와는 관계가 없다.

지목은 현재의 토지용도를 표시하는 성격이 짙다. 특별한 사정이 없는 한 토지 소유자가 마음대로 지목을 바꿀 수 있다.

토지의 이용과 건축물의 용도, 건폐율, 용적률, 높이 등을 제한

하기 위해 책정해 놓은 구역을 용도지역이라고 한다. 용도지역은
△도시지역 △관리지역 △농림지역 △자연환경보전지역 등 4가
지로 구분된다. 도시지역은 다시 △주거지역 △상업지역 △공업
지역 △녹지지역 등으로 구분되며, 주거지역은 1~2종 전용주거
지역, 1~3종 일반주거지역, 준주거지역으로 분류된다. 1종보다
는 2종이, 2종보다는 3종의 용적률이 더 높다. 서울시를 기준으
로 할 때 일반주거지역은 1종 150%, 2종 200%, 3종 250%의 용적
률을 적용한다. 일부 상업·업무시설이 들어설 수 있는 준주거지
역은 용적률이 400%까지 늘어날 수 있다.

상업지역은 중심, 일반, 근린, 유통상업지역 등으로 재분류된
다. 용도지역 중 땅값이 가장 비싸다. 용적률이 높게 적용되기 때
문이다 .서울시 일반상업지역의 경우 용적률이 800%까지도 가능
하다.

관리지역이란 예전의 준도시지역과 준농림지역을 합친 개념이
다. 즉 개발 가능성이 있는 땅이다. 보전관리지역, 생산관리지역,
계획관리지역 등으로 다시 구분된다. 특히 계획관리지역은 도시
지역으로 편입이 예상되는 지역이나 환경을 고려하여 제한적으
로 이용·개발하려는 지역이다. 투자 용도로는 계획관리지역이
가장 적합하다.

자연녹지지역도 개발 가능성이 높다는 면에서 비슷하다. 자연녹지는 도시용지의 공급을 목적으로 지정되는 곳인 만큼 도시가 커지면 우선 개발될 가능성이 있다. 용도지역은 정부의 정책적 필요에 따라 지정되었기 때문에 지목과 달리 소유자 마음대로 바꾸기 어렵다.

건축을 할 수는 있지만 건축물이 들어서지 않는 빈 땅을 뜻하는 '나대지', 한 필지 안에서 건폐율, 용적률의 제한 때문에 건축되지 못한 '공지', 사방이 도로에 접하지 않아 값어치가 떨어지는 '맹지' 등은 관습적인 용어다.

용도지역과 함께 용도지구와 용도구역이란 개념도 꼭 알아둬야 한다. 용도지역이나 용도지구, 용도구역 등의 지정 내용은 토지이용계획확인서를 통해 확인할 수 있다.

용도지구란 토지의 이용 및 건축물의 용도, 건폐율, 용적률, 높이 등에 대한 용도지역의 제한을 강화 또는 완화하여 적용한 지역을 말한다. 용도지역의 기능을 증진시키고 미관, 경관, 안전 등을 도모하기 위한 것이다. 토지 이용에 주안점을 두고 용도지역 지정을 보완하는 성격이 강하다. 크게 경관지구, 미관지구, 고도지구, 방화지구, 방재지구, 보존지구, 시설보호지구, 취락지구, 개발진흥지구, 특정용도제한지구 등으로 구분할 수 있다.

용도구역은 용도지역 및 용도지구의 제한을 강화 또는 완화해서 따로 정해 놓은 지역이다. △시가지의 무질서한 확산 방지 △계획적이고 단계적인 토지 이용 △토지 이용의 종합적인 조정·관리 등을 위해 정해놓은 곳이다. 크게 시가화조정구역, 개발제한구역(그린벨트), 수자원보호구역 등으로 구분된다. 용도지역과 용도지구가 토지 이용에 중점을 두고 있다면, 용도구역은 개발제한구역처럼 이용을 제한하는 쪽이다. 용도지역과 용도지구는 도시지역 내에 지정되는 데 비해 용도구역은 도시 주변에 지정될 가능성이 높다. 전국의 시·군·구청과 동사무소에서 발급하는 토지이용계획확인서를 통해서 언제든 확인이 가능하다.

임대주택
전성시대 온다

임대주택이란

전세나 월세(보통 보증부 월세)형 주택이다. 여기서는 임대수입
을 목적으로 임차할 수 있는 일반 아파트를 통칭하는 개념으로 사
용했다.

임대주택_임대사업자로 등록하면 재산세 등 여러 세금을 아낄 수 있다.

    자영업자인 김소월 씨(47)는 2006년 서울 구의동의 155㎡ (47평)짜리 아파트를 팔았다. 매도가격은 8억 5000만 원으로 각종 세금 등을 떼고 나니 7억여 원이 남았다. 김 씨는 이 돈으로 상계동의 소형아파트 5채를 한꺼번에 매입하여 임대사업자로 등록했다. 남들은 아파트로 재테크하는 시대는 끝났다고 할 때, 김 씨는 그것도 강북의 소형아파트를 한꺼번에 매입한 것이다.

    김 씨는 시세차익으로 '대박'을 터뜨리는 것보다 고정적인 수입이 더 중요하다고 판단했다. 그는 현재 임대보증금 1억 5000만 원에 월 300만 원의 임대수입을 얻고 있다. 그동안 아파트 값이 올랐다는 점을 감안하면 시세차익도 적지 않은 것으로 파악하고 있다.

세금혜택도 받고 수익도 덤으로 챙기는 임대사업

김 씨와 같은 이들은 투자수익보다 임대수입에 주목하는 사람들이다. 단순히 투자 목적으로 주택을 소유할 경우 세금 부담이 가중된다는 점을 고려한 투자자들이다. 5채 이상 10년 이상 임대를 전제로 임대사업자 등록을 할 경우 종합부동산세가 면제될 뿐만 아니라 양도세 중과까지 피할 수 있다.

주택 임대사업이 주목받는 이유는 이 같은 세금혜택 때문이다. 여기에 투자수익은 덤이다. 선진국과 같이 전세의 월세 전환이 빠르게 이루어지고 있는 트렌드도 임대사업의 전망을 밝게 하고 있다. 서울과 같은 대도시에서는 실질 주택 보급률이 여전히 낮은 수준이기 때문에 주택 임대업은 앞으로도 매력적인 투자수단이 될 것으로 보인다.

서울에서 아파트 임대사업을 하기 위해서는 적어도 8억~9억 원이 필요하다. 강북의 33~66m²(10~20평형대) 소형아파트를 5채 이상 매입하는 조건이다. 잠실 등 강남권에서 임대사업을 하려면 15억~20억 원 정도 소요된다. 요즘에는 연 6%의 수익률만 올려도 괜찮은 편이다.

임대사업을 하려면 우선 역세권의 소형아파트를 노리는 게 유리하다. 소형은 월세를 받기도 쉽고 임대사업자 등록에 따른 세금 감면 혜택도 가장 많다. 또 역세권 여부를 따져야 하는 이유는 세입자 중 상당수가 지하철 등 대중교통을 선호하기 때문이다.

월세 임대가 많은 곳은 주로 젊은층이 모여들만 한 곳이다. 대학가나 유흥가 주변지역이 일단 유망하지만, 소득 수준이 높은 지역을 선택하는 것이 실패 확률을 줄을 수 있다.

또 노후주택은 피하는 것이 좋다. 월세 임차를 찾는 사람들은 기왕이면 깨끗한 집에서 살기를 원하기 때문이다. 미분양된 소형 아파트를 고르는 것도 한 방법이다. 대개 금융 조건이 좋고, 잘만 하면 분양가를 할인받을 수도 있다.

반면에 연립주택이나 다세대 주택의 경우 수요가 점차 감소 추세인 점을 감안해야 한다. 이런 곳은 전세 위주이기 때문에 고정 수입을 내기가 만만치 않다. 아파트에 비해 투자가치나 환금성 면에서도 떨어지며 관리하기도 쉽지 않다. 다만 재개발 추진지역 등 개발 호재가 있는 곳이나 이태원동, 한남동 등 외국인 밀집지역의 경우 투자수익이 의외로 높다.

한때 유행하던 원룸의 경우 강남권 일부를 제외하고 공실률이 높아지고 있다. 주거용 오피스텔이 대거 공급되면서 상대적으로 임대수입이 떨어지고 있는 탓이다.

임대사업을 할 때 부수적으로 소요되는 비용은 도배, 장판, 중개수수료 등이다. 이런 비용까지 감안하여 임대료를 주변시세보다 다소 낮게 책정하는 것도 공실률을 최소화하면서 임차인 교체

주기를 늘리는 방법이다.

임대사업자로 등록하기

임대사업자 등록을 하려면 주택을 매입한 후 '거주지'의 시·군·구청을 찾으면 된다. 이때 유의할 점은 등록 관청이 '물건' 등록지가 아니라 거주지 관청이란 사실이다.

소유권 증빙서류로는 건물 등기부등본이나 분양계약서(매매계약서) 등이 필요하다. 취득·등록세 감면대상 주택의 경우 반드시 취득일(잔금납부일) 이전에 신청해야 혜택을 받을 수 있다. 재산세 감면 등의 혜택 폭은 지자체마다 다르기 때문에 직접 확인할 필요가 있다. 임대가 시작된 후에는 거주지 세무서에 임대주택사업자 등록을 해야 양도세 감면 등 추가 혜택을 누릴 수 있다.

임대사업은 개인이 집을 직접 지어 임대하는 건설 임대와 주택을 매입한 후 임대하는 매입 임대로 나뉜다. 주택 임대업의 세금 혜택을 구체적으로 살펴보면 다음과 같다.

우선 국민주택 규모(전용면적 85㎡, 평으로는 25.7평) 이하의 주택을 사면 취·등록세와 재산세 감면혜택이 주어진다. 구체적인 감면 비율은 지방자치단체별로 조례를 통해 규정하고 있다. 단 감면혜택은 신규 분양 주택이나 미분양 아파트 등 '새 집'을 살 때로 한정된다.

서울시의 경우 전용면적 40㎡(12평) 이하 신규 주택을 사면 취·등록세와 재산세 모두를 내지 않아도 된다. 그 이상 전용면적 60㎡(18평) 이하 주택을 매입하면 취·등록세 100%, 재산세 50%를 감면받는다. 또 그 이상 전용면적 85㎡(25.7평) 이하 주택에는 취·등록세 50%, 재산세 25%의 감면혜택이 주어진다.

임대사업자로 등록하면 종합부동산세 역시 감면받을 수 있다. 전용면적 85㎡(25.7평) 이하, 기준시가 3억 원 이하인 주택을 5채 이상 매입하여 10년 이상 임대하면 종부세 합산 과세 대상에서 빠진다. 기존 임대사업자(2005년 1월 5일 이전 등록)의 경우 2채 이상을 5년 이상 임대하면 종부세 합산 과세 대상에서 제외된다.

이 경우 임대주택이 모두 같은 시 또는 군에 있어야 한다는 점에 유의해야 한다. 즉 서울시와 경기도에 분산되어 있으면 인정받지 못한다는 이야기다. 또 기준시가 3억 원은 임대주택을 등록할 당시의 가격으로, 임대사업 기간 중 값이 오르더라도 세금혜택을 계속 받을 수 있다. 하지만 증축이나 개축 등으로 주택가격이 3억 원을 초과하면 대상에서 제외된다.

주택을 매각한 후 내야 하는 양도소득세도 1가구 3주택 이상 다주택자에게 적용되는 60% 중과세가 아닌 일반 세율(9~36%)이 적용된다. 하지만 양도세를 감면받기 위해서는 보유 임대주택이 5채 이상(전용면적 85㎡ 이하, 시가 3억 원 이하)이어야 하고 임대주택이 모두 같은 시·군·구에 소재해야 한다.

결론적으로 말해, 임대사업을 준비하고 있다면 국민주택 규모 이하에 기준시가 3억 원 이하이면서 같은 시·군에 소재한 5채 이상의 주택을 10년 이상 임대하는 것이 가장 바람직하다.

다만 임대사업자에 대한 종브세와 양도세 부과 기준이 다소 차이가 있다는 사실을 알아두자. 즉 종부세는 특별시나 광역시 또는 도에 소재하는 주택 5채를 기준으로 판단하고 있다. 하지만 양도세는 동일한 시·군의 5채 이상이 기준이다. 다시 말해 시가 다르더라도 같은 도에서 주택 5채를 묶어 임대하면 종부세를 피할 수 있지만, 양도세는 동일한 시(특별시 또는 광역시 포함) 또는 군에서 묶어야 한다는 얘기다.

공시가격 3억 원의 요건도 다르다. 종부세는 주택 임대사업을 시작하는 단계에서 판단하는 반면, 양도세는 양도 단계에서 판단한다.

주택 임대사업을 할 때 주의할 점도 적지 않다. 모든 주택에 대해 세제혜택이 주어지는 것이 아니기 때문이다. 취·등록세 감면은 새로 짓는 아파트나 연립주택, 다세대주택 등 공동주택간 받을 수 있다. 단독주택은 감면 대상이 되지 않는다. 오피스텔은 주거 용도라도 건축법상 주택으로 간주되지 않기 때문에 임대사업자 등록이 불가능하다.

임대사업자로 등록하더라도 의무 임대사업 기한을 채우지 못하고 되팔면 종합부동산세나 양도소득세 중과 대상이 된다. 임대기간 동안 해당 주택을 임대 이외의 목적으로 사용하면 이미 감면받은 재산세까지 추징당할 수 있다.

주택 임대소득에 대해서는 세금을 더 물린다는 점도 알아두자. 종전까지는 2주택 소유자의 임대소득(월세)에 세금을 물리지 않았지만, 2006년부터 2주택 소유자의 월세 소득에도 세금을 물리고 있다. 다만 전세에 의한 임대소득에는 세금이 부과되지 않는다.

임대주택 투자 7계명

Key Point

- 역세권이어야 공실률이 낮고 수익률이 높다.
- 세제혜택 많은 소형아파트가 유리하다.
- 젊은층이 많은 대학가나 유흥가 주변이 유망하다.
- 소득 수준이 높은 지역이어야 세입자를 찾기 쉽다.
- 미분양 아파트를 노리면 각종 금융혜택까지 받을 수 있다.
- 다세대주택은 임대수입보다 재개발 가능성을 따져야 한다.
- 임대료를 다소 낮추면 공실을 최소화할 수 있다.

월세로 바뀌는 임대 시장

서울 역삼동에 사는 권문형 씨(41)는 최근 전세계약을 연장하려다 애를 먹었다. 집주인이 2억 원인 전세금을 보증금 5000만 원에 월세 170만 원으로 바꾸겠다고 고집을 부렸기 때문이다. 인근 단지를 알아봤지만, 모두 월세 아파트밖에 남아 있지 않아 할 수 없이 먼 곳에서 전셋집을 구해야 했다.

전세 위주였던 주택 임대가 점차 월세로 바뀌고 있다. 특히 보증금을 낀 '보증부 월세' 방식에서 미국 등과 같은 순수 월세 방식(6개월 치 월세를 선납하는 방식)이 늘고 있다.

월세가 늘어나는 이유로는 저금리 기조가 고착화되고 있다는 점을 우선 꼽을 수 있다. 집주인들이 전세금을 받아 돈을 굴려 봤자 손에 쥘 수 있는 돈이 예전보다 훨씬 적어졌다는 판단을 하고 있어서다. 전세 품귀로 소유즈들의 월세 전환이 쉬워진 것도 또 다른 배경이다.

독신자 등 1인 가구가 늘어나고 있는 추세 역시 월세 계약 증가에 일조하고 있다. 정부도 월세 방식의 국민임대주택 공급을 대폭 확대하고 있어 향후 월세 계약은 더욱 늘어날 전망이다. '전

세' 라는 임대차 제도가 주택 금융이 발달하지 못한 우리나라에서
만 존재하는 독특한 계약 방식이라는 점을 감안하면 앞으로 월세
방식이 확고하게 자리 잡을 것이다.

월세로 바뀌는 임대 시장

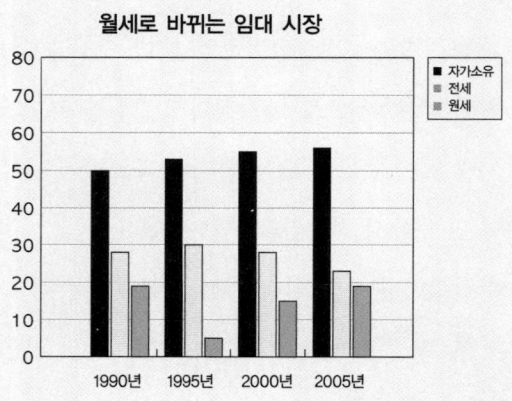

임대 아파트 고급화될까

서울 한남동이나 이태원동에는 월세가 1000만 원을 넘는 주택
이 적지 않다. 외국 대사나 외국계 기업의 책임자급 주재원들이
거주하는 곳이다.

우리나라의 대단지 아파트 중에서 이런 고급 임대아파트가 많
이 늘어날 것으로 보인다. 정부는 비축용 장기임대주택을 2017년
까지 매년 5만 가구씩 늘려 총 50만 가구로 확대할 계획이다. 이

를 통해 현재 6% 정도인 임대주택 비중을 선진국 수준인 20%대까지 끌어올리겠다는 복안이다. 현재 영국의 임대주택 비중은 22%, 독일은 20%, 프랑스는 17% 안팎이다.

특히 '여유계층과 임대아파트의 조합'을 위해 중대형 평형 위주로 공급된다. 평균 99㎡(30평형)이지만 인기지역에 132~165㎡(40~50평)짜리 임대아파트도 다수 선보이게 된다.

고급 임대아파트는 기존의 분양 아파트와 비슷한 수준의 품질을 유지하게 된다. 발코니 확장은 물론이고 보육시설 등 공동 커뮤니티 시설이 조성된다.

비축용 장기임대주택이 아니더라도 고급 임대아파트는 앞으로 도심권에서 많이 선보일 것 같다. 재건축·재개발에 따른 개발이익 환수 방편으로 임대아파트 의무건립제도가 시행되고 있기 때문이다.

특히 재건축이 많은 강남권에서 고급 임대아파트가 다수 나올 전망이다. 강남의 임대아파트는 아무래도 일반 서민들이 접근하기에는 한계가 있다. 99㎡(30평형) 임대료만 해도 보증금 1억 원에 월 200만 원 선이다. 이런 곳에는 학군 등 입지를 고려한 고소득 실수요자들이 주로 거주할 것으로 보인다.

고소득 무주택자들은 임대아파트를 잘만 이용하면 '실거주'와

'재테크'의 두 마리 토끼를 잡을 수 있다.

우선 고급 임대아파트는 신도시나 강남권, 그린벨트(개발제한구역)를 해제한 택지지구 등에 들어선다. 입지가 좋은 곳에 자리 잡고 있어 자녀교육 면에서 뒤떨어지지 않는다. 임대아파트에 살면서 '무주택' 신분으로 유망 사업지구의 신규 분양을 노릴 수도 있다. 분양가상한제와 청약가점제의 시행으로 무주택자들로선 운신의 폭이 넓어졌다.

Chapter

14

Real estate

농가주택도 리모델링하면 재테크 상품

농가주택이란

농촌에 있는 허름한 주택을 말한다. 이런 점에서 도시민이 시골에 제대로 지은 전원주택과 대비된다. 건축법상의 법률 용어는 아니다. 면이나 도시계획구역 밖의 읍에 소재해야 농가주택으로 분류될 수 있다.

농가주택_저렴한 가격으로 전
원생활을 시작하려면 농가주택
이 적당하다. 다만 리모델링은
필수다.

　부산시 서구 아미동의 강 모 씨는 멋진 전원주택을 짓는 게
일생의 꿈이었다. 하지만 자녀 두 명을 캐나다로 유학 보내는
바람에 여윳돈이 별로 없었다. 강 씨는 전원주택 대신 허름한
농가주택을 매입했다. 가격이 생각보다 저렴했고 매입 절차도
까다롭지 않았다. 농가주택 가격이 2000만 원에 불과했기 때
문에 '별장'으로 분류되지 않아 각종 세금이 낮았다. 강 씨는
요즘 이 농가주택을 손수 리모델링하는 재미에 푹 빠져 있다.
1000만~2000만 원만 추가로 들이면 썩 괜찮은 전원주택이
될 것으로 보고 있다. 평소 이 농가주택을 주말 세컨드하우스
로 활용하다가 나중에는 아예 이사를 와서 노후를 보낼 생각
이다.

1가구 2주택 양도세 중과 대상에서 제외된다

정부의 활성화 방침과 맞물리면서 농가주택의 인기가 높아지고 있다. 1000㎡(302평) 미만의 주갈농장은 양도소득세 중과세 대상에서 제외되고 있으며 주말농장에 짓는 33㎡(9.98평) 이하의 주말주택에 대해선 농지보전부담금도 면제되고 있다.

우선 1000㎡(302평) 미만의 주말농장은 도시민 취득이 가능하다. 또 양도소득세 60% 중과대상에서도 제외된다. 이런 주달농장 부지의 일부에 전용 허가를 받을 경우 농가주택을 지을 수 있다. 별 규제 없이 농가주택과 주말농장을 동시에 소유할 수 있는 셈이다. 시골의 허름한 농가주택을 매입한 뒤 수주간 리모델링 작업을 거치면 훌륭한 전원주택으로 변신시킬 수도 있다.

농가주택은 △수도권 및 광역시 이외에 소재한 읍·면 지역 중 토지거래허가구역이나 투기지역으로 지정되지 않은 곳에 있고 △ 대지가 661㎡(200평) 이내이고 주택 연면적이 149㎡(45평) 이내이며 △취득 시 주택 및 부수 토지 가액이 기준시가로 7000만 원 이하인 주택을 말한다.

이런 농가주택을 취득할 경우 도시민들은 1가구 1주택 비과세 혜택을 그대로 적용받을 수 있다. 1가구 2주택 양도세 중과 대상에서도 제외된다.

하지만 주의할 점도 있다. 서울 소재 아파트와 농가주택 가운데 아파트를 먼저 팔면 1주택 비과세 혜택을 받을 수 있지만, 농가주택을 먼저 매각할 경우에는 2주택 중 1채를 처분한 것으로 판단되어 양도세(차익의 50%)가 과세된다. 그린벨트(개발제한구역)나 수자원 보호구역 등은 외지인에게 건축허가가 나지 않을 수도 있다.

투자액으로 보면 5000만 원 이하 소액의 경우 경관이 좋은 경기도 외곽지역과 도로 사정이 양호한 강원, 충청지역을 고를 수 있다. 1억 원 안팎의 금액으로는 수도권 접경지에서 조금 떨어진 경기도 양평, 이천, 여주, 안성, 강화, 가평 등을 살펴볼 만하다.

현지답사를 떠난다면 그 마을의 이장을 찾거나 해당 지역에서 오랫동안 부동산 중개업에 종사해 온 전문가를 찾는 게 좋다. 이때 중개업소의 간판이 낡은 곳이 상대적으로 믿을 만하다. 간판과 실내가 깨끗하다면 현지에 들어온 지 얼마 안 된 신참 중개업자이거나 투기 목적으로 위장 전입한 중개업자일 가능성도 있다.

답사할 때는 농가주택 주변에 지적도로가 나 있는지부터 먼저 살핀다. 지적상 도로가 없으면 리모델링 등이 어렵다. 과거 하천의 범람 여부를 살펴보는 것도 중요하다. 진입도로가 포장되어 있는지도 유심히 살펴봐야 할 점이다.

농가주택 중에는 서울 등 도시민이 예전에 사뒀다가 자금 사정으로 되파는 경우도 많으므로 도시의 농가주택 전문정보업체 등을 방문하는 것도 한 방법이다.

전원생활 초보자라면 전원주택 부지를 구입해 건물을 신축하는 것보다 적당한 농가주택을 매입하여 수리하는 것이 더 좋다. 전원주택을 신축하려면 허가부터 준공 절차까지 갖가지 인허가 과정이 까다롭다.

농가주택의 투자 규모는 지역에 따라 편차가 있지만 1억~2억 원 선에서 결정하는 것이 바람직하다.

농가주택을 지을 때는 기본적으로 토지구입비, 토지조성비, 건축비, 조경비, 지하수 개발비용 등이 소요된다. 건축비는 평당 200만~350만 원 정도를 예상하면 된다. 소형의 주말주택을 지을 때는 총 건축비를 2000만 원 정도간 들여도 쓸 만하다.

농가주택은 주5일 근무제 확산과 국민소득증가 등에 힘입어 향후 몸값이 더욱 높아질 전망이다. 특히 세컨드하우스(별장) 개념으로 소형 농가주택을 찾는 도시민의 발길이 늘어날 것으로 보인다. 입지만 괜찮다면 투자가치 측면에서도 나쁘지 않다는 얘기다.

계획관리지역을 주목하라

정부는 현재 전국의 시·군 단위까지 관리지역 세분화 작업을 진행하고 있다. 관리지역 세분화는 2003년 옛 준농림지와 준도시지역을 관리지역으로 통합한 곳을 토지이용계획에 따라 보전관리지역, 생산관리지역, 계획관리지역으로 3등분해 재지정하는 절차를 말한다. 특히 주목해야 할 곳이 세분화 작업에 따라 계획관리지역으로 편입되는 곳이다.

계획관리지역은 건폐율 40%에 용적률 100%로 각종 개발이 가능하기 때문에 투자가치가 가장 높다. 반면 생산·보존관리지역은 건폐율 20%에 용적률이 80%에 불과하고 개발이 제한되므로 투자가치가 떨어진다.

현재 관리지역은 전국적으로 2만 7239㎢(전 국토의 27%)이다. 관리지역 내의 땅이라고 무턱대고 구입해선 안 된다. 계획관리지역으로 편입되었거나 편입될 만한 곳을 대상으로 선별하여 매입하는 전략이 필요하다.

관리지역 세분화의 기초 과정인 토지적성평가는 개별 토지가 갖는 특성과 사회적 가치를 평가해 보전할 토지와 개발 가능한 토지를 체계적으로 판단하기 위한 것이다. 한국토지공사 등에서 작업한다.

토지적성평가는 △경사도 △표고 △도시용지비율 △경지정리 면적 △전·답·과수원 면적비율 △개발지와의 거리 △공공편익 시설과의 거리 △도로와의 거리 등을 검토해 개발할 곳과 보존할 곳을 잠정 결정한다.

Real estate

2~3세대가 한집에,
세대통합 주택

세대통합 주택이란

2~3세대가 동시에 거주할 수 있는 주택 형태이다. 가변형 벽체를 활용하거나 복층형 등으로 세대통합 구조를 만들 수 있다. 조부모, 부모, 자녀세대가 서로 프라이버시 침해를 최소화하면서 공동생활이 가능한 모델이다.

의류 수입업체를 운영하는 김종만 씨(55)는 '한 지붕 세 가족' 살이를 하고 있다. 부모님, 그리고 결혼한 딸의 가족과 같이 살고 있다. 김 씨는 서울 삼성동의 3층짜리 단독주택에 거주하다 3년 전 보안이 뛰어나고 생활하기 편리한 인근 $317m^2$ (96평형) 아파트로 옮겼다. 그는 아파트 평면 구조가 각 세대 간에 서로 사생활을 침해하지 않도록 설계돼 불편하지 않다고 강조했다. 김 씨는 "아파트에 살면서 3~4세대가 독립적으로 거주할 수 있으리라고는 상상하지 못했다."고 말했다.

여러 세대가 아파트 내부를 나누어 함께 거주한다

여러 세대가 같이 거주할 수 있는 아파트가 많이 선보이고 있다. 핵가족화 시대에 나타나고 있는 이색 트렌드다. 주택 건설업체들이 온 가족이 모여 살기를 원하는 '틈새' 수요층을 겨냥한 결과다. 특히 대형, 고급 주택 시장에서 이러한 현상이 두드러진다.

이 같은 '세대통합형 주택'은 가변형 벽체 등을 활용한 대형 평형이나 복층형 펜트하우스 등에서 집중적으로 소개되고 있다. 각 세대의 사생활을 철저하게 보호하면서도 조부모, 부모, 자녀세대들이 융합할 수 있도록 평면을 짠 것이 특징이다.

월드건설이 경기도 파주 교하지구에 공급한 타운하우스는 '세대통합형 주택'을 컨셉트로 내세워 분양에 성공한 사례이다. 공기 좋은 곳에서 부모님을 모시고 싶어 하는 중장년층의 청약 열기가 높았다는 게 회사 측의 설명이다. 동일토건이 천안 쌍용동에서 선보인 '동일하이빌' 역시 3세대가 함께 살기 좋은 평면을 도입했다는 평가를 받았다.

세대통합형 평면 설계는 대부분 165㎡(50평형) 이상 대형 평형에 적용되고 있다. 2~3세대가 함께 거주하기 위해서는 아무래도 실내가 넓어야 하기 때문이다. 세대 여건에 맞게 공간을 자유롭게 활용할 수 있도록 가변형 벽체 시공을 늘리고, 거실과 함께 응접실 개념의 가족실을 따로 마련한 점도 특징이다.

세대 간의 사생활을 보호할 수 있도록 세대 내 이동 통로인 복도에 대형 여닫이문을 만들고, 욕실 공간도 3개 이상 확보하는 추세이다.

복층형 펜트하우스 역시 전형적인 세대통합형 모델이다 . 아파트 내부가 2개 층 구조로 되어 있어 여러 세대가 함께 거주하기에 알맞다.

최근 선보이는 복층형 아파트는 실내를 2개의 층으로 분리하는 데서 한 발 더 나아가 아예 출입구를 따로 설치해 사생활 보호를 더욱 강화하고 있다.

롯데건설이 서울 종로구 평창동에 선보인 고급 주택 단지 '롯데캐슬 로잔' 218㎡(66평형)의 경우 2~3세대가 함께 거주할 수 있다. 다만 복층의 아래층에 주방과 거실을, 위층에 침실을 집중적으로 넣어 각 세대의 '사생활 보호'보다 '융합'에 좀 더 초점을 맞췄다.

현대건설이 서울 성수동 서울숲 부근에서 공급한 '힐스테이트' 역시 복층형 펜트아파트(304㎡)가 세대통합형이다. 아래층에 거실과 주방, 부부 공간을 두어 부모세대가 주로 생활하고, 위층에 거실과 침실 2개를 만들어 자녀세대가 사생활 침해를 받지 않도록 꾸민 게 특징이다.

복층형 펜트하우스는 실내 공간을 상하층으로 나눠 2개의 개별 주택으로 꾸미는 게 보통이다. 단층 아파트에 비해 사생활 보호를 강화할 수 있고 2개 층에서 모두 뛰어난 조망권을 확보할 수 있다.

복층형 아파트는 꼭대기 층 대신 1층에 자리 잡기도 한다. 다만 이때는 사생활 보호를 위해 별도의 출입구를 설치하는 것이 일반적이다. 대림산업이 서울 신도림동에서 공급한 'e-편한세상'의 1층 복층 아파트(181㎡, 평으로는 55평형 8가구) 역시 이 같은 별도의 출입구가 설치되어 있다.

복층형 아파트의 경우 세대통합형 주택의 대표적인 모델이지만 냉·난방비가 일반 아파트에 비해 훨씬 많이 들며, 관리비가 높다는 단점도 있다.

앞으로 단지 형태의 세대통합형 주택이 많이 선보일 전망이다. 정부가 이 같은 내용을 골자로 한 '효행 장려 및 지원에 관한 법률'을 시행키로 했기 때문이다. 이 법안 12조는 '국가 또는 지방자치단체는 자녀와 동일한 주거 또는 동일 단지 안에 거주하는 부모를 위한 주거시설 공급을 장려해야 한다'고 명시하여 '페어런츠 하우스'(Parents' House)의 공급 근거를 마련했다.

같은 단지내에 다른 아파트에 산다

페어런츠 하우스는 아파트 단지내에 부모세대가 사는 노인 전용동을 따로 건설한다는 점에서 기존 아파트와 다르며, 자식들과 같은 단지 안에 거주한다는 점에서 일반 시니어타운과 차이가 있다.

미국과 일본 등지에서 도입되어 시행 중인 페어런츠 하우스는 같은 아파트 단지내의 여러 동 가운데 몇 개를 실버 전용동으로 지어 부모와 자식세대가 같은 단지의 다른 아파트에서 거주할 수 있도록 만드는 것이다.

예를 들어 10개 동이 건설되는 아파트 단지가 있다면 전용면적이 작은 실버 전용동을 1~2개 만들고, 자녀가 거주할 집과 실버 전용동의 가구를 한데 묶어 분양하는 방식이다. 페어런츠 하우스의 가장 큰 장점은 부모와 자식세대가 각각 독립된 주거공간을 가지면서도 가까운 거리에서 서로를 돌볼 수 있다는 점이다.

또 노인 가구가 따로 거주하는 시니어타운과 달리 입주 병원과 전용 운동시설 등을 짓지 않아도 되고, 별도의 관리인을 둘 필요도 없어 시니어타운에 비해 입주비와 관리비가 적게 들어간다.

세대통합 주택은 독립성만을 추구하는 주거 행태에 반기를 든 새로운 주택 트렌드다. '대가족'이 주는 안정감을 바라는 소비자들이 적지 않음을 보여주는 사례라고 할 수 있다. 특히 세대통합 주택에 여러 세대가 같이 거주할 경우 조부모가 어린 손자녀를 돌봐주면서 맞벌이 자녀세대를 돕고, 돈독한 가족의 정까지 나눌 수 있는 점이 큰 매력이다.

타워형? 판상형?

신문기사를 읽다보면 타워형 아파트니 판상형 아파트니 하는 얘기들이 많다. 아파트 구조에 따라 달리 부르는 명칭들이다. 판상형은 각 세대를 일렬로 길게 배열한 방식이다. 전통적인 '성냥갑 아파트' 형태다.

타워형은 탑상형으로도 불리는데, 한 개 층에 여러 가구를 둥글게 배치해 짓는 방식이다. 초고층 주상복합 아파트에 처음 적용되었으며, 일반 아파트 건축으로 확대되었다.

타워형의 장점은 판상형보다 동 간 거리가 넓고 조망권과 일조권이 훨씬 좋다는 것이다. 특히 3면 개방형 설계가 쉽기 때문에 채광효과가 높다. 하지만 15층 이상 고층으로 건설될 경우 판상형에 비해 건축비가 층당 5~10% 정도 더 든다는 것이 단점이다. 이는 분양가의 상승 요인이 된다. 또 모든 가구를 남향으로 배치하는 것이 불가능하며, 불필요한 모서리 공간이 많아지는 등 공간 활용도가 떨어질 수 있다.

제3부

부동산 기초 다지기

청약통장
이렇게 가입하라

    청약가점제 도입으로 주택청약통장 가입 시기가 더욱 중요해졌다. 통장 가입이 하루라도 빠를수록 유리해진 것이다.

    특히 무주택자이든 유주택자이든 주택청약통장 가입은 필수다. 청약통장이 없으면 괜찮은 아파트가 분양되어도 신청조차 할 수 없기 때문이다. 청약통장이 필요 없는 경우는 미분양 물량에 청약할 때뿐이다. 아파트가 미분양되는 이유는 일반적으로 입지나 규모 등의 면에서 매력이 떨어지기 때문이다. 다시 말해, 투자가치가 있는 아파트를 분양받기 위해서는 청약통장 하나쯤은 갖고 있

자신의 상황에 가장 잘 맞는 청약통장을 선별 가입해야 한다.

어야 한다.

주택청약통장은 크게 세 가지 종류로 구분된다. 청약예금, 청약부금, 청약저축이 그것이다.

매달 2~10만 원씩 청약저축

청약저축은 '무주택 세대주' 만 가입할 수 있다. 20세 이상만 통장을 개설할 수 있으며, 가입 후 24개월(2년)이 지나면 국민주택기금 지원을 받아 건설되는 전용면적 85㎡(25.7평) 이하의 공공 또는 민영아파트에 청약할 수 있다.

민간아파트보다 분양가가 10~20% 저렴하고 입지가 좋은 주택공사의 중소형 평형 아파트에 청약할 수 있다.

매달 2만~10만 원씩 적금 방식으로 부으면 된다. 연간 불입액의 40%까지 소득공제 혜택도 주어진다. 예를 들어 매달 10만 원씩 한해 동안 120만 원을 부었다면 소득공제액은 48만 원(120만 원×40%)이 된다. 당첨 확률은 청약저축 가입일이 빠르고 무주택 기간이 길며, 나이와 부양가족수가 많을수록 높아진다. 우리은행, 농협, 신한은행, 하나은행, 중소기업은행 등 5개 은행에서 취급한다. 종전까지 청약저축을 취급했던 국민은행의 경우 더 이상 신규 가입을 받지 않고 종전 가입자에 대한 관리 업무만 수행하고 있다.

청약예금에 가입했다 청약저축으로 갈아탈 수는 없지만, 저축에서 예금으로 바꾸는 것은 가능하다. 다만 예치금액을 늘리면 1년이 경과해야 증액의 효력이 발생한다.

무주택자라면 청약저축으로 유망 택지지구에 중소형 아파트를 마련한 다음 청약예금 등에 재가입해 좀 더 넓은 평형으로 갈아타는 방법을 고려할 만하다.

목돈을 한꺼번에 청약예금

청약저축과 달리 청약예금과 청약부금은 민영아파트에 청약할 수 있는 통장이다. 청약예금은 목돈을 한꺼번에 넣는 예금 상품이고, 청약부금은 청약저축처럼 매달 일정액씩 부어나가는 적금상품이다.

청약예금은 민간건설업체가 짓는 민영주택 중 전용면적 85㎡ (25.7평) 이상 중형 주택을 분양받을 수 있는 통장이다. 청약 대상

아파트의 규모에 따라 예치금이 달라진다. 거주지역과 청약하는 아파트 평형에 따라 200만~1500만 원의 목돈을 한꺼번에 넣은 다음 민간아파트를 청약통장 액수에 따라 청약하는 방식이다. 가입 후 2년이 지나면 증액이나 감액이 가능하다. 하지만 청약저축이나 청약부금으로 갈아탈 수는 없다.

가입자는 예치금액에 따라 전용면적 85㎡(25.7평)를 넘는 민영주택에 청약할 수 있다. 또 민간 건설사의 전용면적 85㎡(25.7평) 이하 중형국민주택 청약도 가능하다.

가입액은 지역에 따라 다소 차이가 있다. 전용면적 85㎡(25.7평) 이하 평형의 경우, 서울과 부산은 300만 원, 기타 광역시는 250만 원, 나머지 지역은 200만 원을 예치해야 한다. 전용면적 102㎡(30.8평) 초과 135㎡(40.8평) 이하의 경우 서울과 부산은 1000만 원, 기타 광역시 700만 원, 나머지 지역은 400만 원이 가입금액이다. 135㎡(40.8평)을 넘는 대형 평형 아파트에 청약하려면 서울과 부산은 1500만 원, 기타 광역시는 1000만 원, 나머지 지역은 500만 원이 필요하다.

20세 이상의 개인(재외동포 및 외국인 포함) 또는 20세 미만의 세대원이 있는 세대주이면 가입할 수 있다. 가입기간이 1년씩 지날 때마다 자동으로 재예치되는 방식이다. 청약저축, 청약부금처럼 가입 후 24개월이 지나면 1순위, 6개월이 지나면 2순위, 1개월

이 지나면 3순위자가 된다.

매달 5~50만 원씩 청약부금

청약부금은 매달 5만~50만 원씩 납입하는 적금식 청약상품이다. 가입 후 2년이 지나면 전용면적 85㎡(25.7평) 이하 민영주택 또는 60~85㎡(18~25.7평)의 민간건설 중형 국민주택을 1순위로 청약할 수 있다.

서울지역의 청약 1순위 가능 부금액은 300만 원이다. 주의할 점은 가입 후 한꺼번에 300만 원을 예치할 경우 1순위 자격을 얻지 못한다는 것이다. 매달 12만 5000원씩 납입하거나 2년간 5~6번에 나눠 300만 원을 채워야 1순위 자격을 얻을 수 있다.

지방 거주자의 경우 수도권 아파트 순위 내 청약 자격이 주어지지 않는다. 서울, 인천, 경기 등 수도권 내 거주자끼리는 상호 청약 신청이 가능하지만 수도권과 지방 간에는 순위 내 청약이 안 된다.

● 청약통장별 차이점

통장	가입 자격	청약 가능 주택	납입액
청약저축	무주택 세대주	공공분양과 민간임대	매달 2만~10만 원
청약예금	20세 이상	민간분양	일시에 200만~1500만 원
청약부금	20세 이상	중소형 민간분양	매달 5만 원 이상

◑ 청약가점제 점수 산정기준표

<table>
<tr><td colspan="8" align="center">가점표(해당사항 있는 각 항목에 ✓표기)</td></tr>
<tr><td>가점항목</td><td>가점</td><td>가점구분</td><td>점수</td><td>해당
사항</td><td>가점구분</td><td>점수</td><td>해당
사항</td></tr>
<tr><td rowspan="8">①
무주택
기간</td><td rowspan="8">32</td><td>1년 미만(무주택자에 한함)</td><td>2</td><td></td><td>8년 이상~9년 미만</td><td>18</td><td></td></tr>
<tr><td>1년 이상~2년 미만</td><td>4</td><td></td><td>9년 이상~10년 미만</td><td>20</td><td></td></tr>
<tr><td>2년 이상~3년 미만</td><td>6</td><td></td><td>10년 이상~11년 미만</td><td>22</td><td></td></tr>
<tr><td>3년 이상~4년 미만</td><td>8</td><td></td><td>11년 이상~12년 미만</td><td>24</td><td></td></tr>
<tr><td>4년 이상~5년 미만</td><td>10</td><td></td><td>12년 이상~13년 미만</td><td>26</td><td></td></tr>
<tr><td>5년 이상~6년 미만</td><td>12</td><td></td><td>13년 이상~14년 미만</td><td>28</td><td></td></tr>
<tr><td>6년 이상~7년 미만</td><td>14</td><td></td><td>14년 이상~15년 미만</td><td>30</td><td></td></tr>
<tr><td>7년 이상~8년 미만</td><td>16</td><td></td><td>15년 이상</td><td>32</td><td></td></tr>
<tr><td rowspan="4">②
부양
가족수</td><td rowspan="4">35</td><td>0명(가입자 본인)</td><td>5</td><td></td><td>4명</td><td>25</td><td></td></tr>
<tr><td>1명</td><td>10</td><td></td><td>5명</td><td>30</td><td></td></tr>
<tr><td>2명</td><td>15</td><td></td><td>6명</td><td>35</td><td></td></tr>
<tr><td>3명</td><td>20</td><td></td><td></td><td></td><td></td></tr>
<tr><td rowspan="9">③
청약통장
가입기간</td><td rowspan="9">17</td><td>6개월 미만</td><td>1</td><td></td><td>8년 이상~9년 미만</td><td>10</td><td></td></tr>
<tr><td>6개월 이상~1년 미만</td><td>2</td><td></td><td>9년 이상~10년 미만</td><td>11</td><td></td></tr>
<tr><td>1년 이상~2년 미만</td><td>3</td><td></td><td>10년 이상~11년 미만</td><td>12</td><td></td></tr>
<tr><td>2년 이상~3년 미만</td><td>4</td><td></td><td>11년 이상~12년 미만</td><td>13</td><td></td></tr>
<tr><td>3년 이상~4년 미만</td><td>5</td><td></td><td>12년 이상~13년 미만</td><td>14</td><td></td></tr>
<tr><td>4년 이상~5년 미만</td><td>6</td><td></td><td>13년 이상~14년 미만</td><td>15</td><td></td></tr>
<tr><td>5년 이상~6년 미만</td><td>7</td><td></td><td>14년 이상~15년 미만</td><td>16</td><td></td></tr>
<tr><td>6년 이상~7년 미만</td><td>8</td><td></td><td>15년 이상</td><td>17</td><td></td></tr>
<tr><td>7년 이상~8년 미만</td><td>9</td><td></td><td></td><td></td><td></td></tr>
<tr><td>감점</td><td colspan="7">•2주택 이상 소유한 세대에 속한 자는 1순위 청약이 제한되고, 2순위에서 가점제로 신청할 경우 각각의 주택마다 5점씩 감점처리 •60세 이상 직계존속(배우자의 직계존속 포함)이 2주택 이상 소유한 경우에는 1주택을 초과하는 주택마다 5점씩 감점처리</td></tr>
<tr><td colspan="8" align="center">본인 청약가점 점수 [(①+②+③)-④] =　　　　점</td></tr>
</table>

※ 비고
•1주택을 소유한 세대에 속한 자는 1순위에서 가점제로 신청불가, 2순위(6개월 이상~2년 미만인 경우)에서 가점제로 신청할 경우 무주택기간에서 0점 처리 •감점점수가 전체가점 점수보다 많은 경우 청약신청 점수는 0점으로 산정함

분양원가 공개란

　택지비·직접공사비·간접공사비·설계비·감리비·부대비용·가산비용 등 아파트 분양가를 구성하는 7개 요소를 공개하는 제도이다. 분양가 심사위원회 검증을 거쳐 지방자치단체장이 공개한다. 이 중 택지비는 평가기관이 산정한 감정평가 금액을 적용한다. 다만 민간주택의 분양원가 공개는 부작용을 감안해 지역을 제한해서 실시한다. 수도권과 지방의 투기과열지구에 한해서 원가를 공개한다. 2008년 현재 지방 투기과열지구는 부산·대구·광주·대전·울산 등 5대 광역시 및 충북 청주시·청원군, 충남 천안·아산·공주·계룡시·연기군, 경남 창원·양산시 등이다. 투기과열지구는 계속 바뀔 수 있다. 국토해양부 등에서 확인하면 된다.

분양가 규제 변천사

2007년	민간 원가연동제 및 원가공개
2005년	공공택지 원가연동제 및 공개
1999년	아파트 분양 전면 자율화
1997년	수도권 제외한 분양가 자율화
1995년	일부 지역 중대형 분양가 규제 폐지
1989년	아파트 원가연동제 도입
1977년	민간아파트 분양가상한제 도입

은행 문 두드려야
종자돈 마련

최근 정기 인사 때 과장으로 승진한 송숙경 씨(34)는 전공인 마케팅 분야에서 전문성을 인정받아 승승장구하고 있지만 의외로 모아놓은 돈이 없다. 수입보다 지출이 많은 달이 적지 않아서다. 송 씨는 독신인 자신이 아이까지 딸린 주변의 '외벌이' 가정보다 벌어놓은 돈이 더 적다는 사실을 이해하기 힘들다. 미래에 대한 불안감도 떨치기 어렵다.

주택 마련을 위해서는 종자돈부터 모아야 한다. 은행을 어떻게 효율적으로 이용할 것인가를 고민하는 게 첫 걸음이다.

재테크의 기본, 은행을 100% 활용하라

송 씨가 친구들보다 더 많은 연봉을 받아도 늘 적자에 허덕이는 이유는 체계적인 '재무설계'가 이뤄지지 않았기 때문이다. 장기 계획 없이 상황에 따라 자금을 사용하다 보니 모은 돈도 없이 불안하기만 한 것이다. 남들처럼 재테크를 하고 싶지만 방법을 모르는 송 씨와 같은 사람들은 '재테크의 기본'부터 다져야 한다. 재테크의 기본은 금융이다.

재테크를 '돈 모으기→돈 불리기→돈 굴리기'의 과정으로 이해한다면, '돈 모으기'에 해당하는 게 바로 금융이다. 특히 가장 안전하게 주택 마련 자금을 모을 수 있는 방법은 은행을 100% 활용하는 것이다.

은행을 최대한 활용하기 위해서는 우선 주거래 고객이 될 필요가 있다. 은행들은 주거래 고객에 대해 각종 혜택을 늘리고 있다.

주거래 고객이 되기 위해서는 직장인이라면 월급을 해당 은행 통장으로 이체시키는 게 가장 빠른 방법이다. 전기료, 가스료, 통신요금 등 각종 자동이체 건수를 집중시키는 전략도 필요하다.

주거래 고객이 되면 은행 예금상품에 가입할 때 상대적으로 높은 금리를 받을 수 있다. 우량고객에 대한 우대금리 성격이다. 잘하면 지점장 전결금리까지 보너스로 챙길 수 있다. 해외여행 직전 원화를 다른 통화로 환전할 때도 우대받을 수 있다. 흔히 말하는 환전수수료 절감혜택이다(실제로는 환전수수료란 개념은 없으며, 환율 우대를 말하는 것이다).

자동화기기나 창구를 통해 송금, 이체할 때도 각종 수수료를 아낄 수 있다. 은행마다 주거래 고객에 대해서 수수료 할인 또는 면제혜택을 부여하고 있다.

똑같은 방법으로 신용카드도 삼성, 현대 등 전문계보다 은행계 카드를 사용하는 것이 요령이다. 은행계 카드가 현금서비스나 연체 수수료율이 낮으며, 많이 쓸수록 은행의 신용점수까지 덩달아 올라간다. 특히 주거래 은행에서 발급받은 카드만을 집중적으로 사용하는 게 좋다.

은행 예금상품에 가입할 때는 '닷컴 통장'을 최대한 활용할 필요가 있다. 무통장 거래를 할 경우 금리를 0.5%포인트 안팎 높게 받을 수 있으며, 30만~50만 원 미만의 소액 예금에도 이자가 지급된다. 은행들이 일종의 캐시백 서비스인 고객마일리지 제도를 도입하여 닷컴 통장을 많이 사용할수록 각종 수수료를 할인 또는 면제해 주기도 한다.

은행을 통해 가입해야 할 필수 금융상품

그렇다면 주거래 은행을 통해 필수로 가입해야 할 금융상품은 어떤 게 있을까. 목돈마련과 노후 대비의 두 마리 토끼를 잡기 위해선 △청약통장 △개인연금 △적립식펀드 △장기주택마련저축 등 4개 금융상품에 반드시 가입해야 한다.

노후 대비의 첫 걸음은 개인연금(사적연금) 가입이다. 국민연금과 같은 공적연금만으로는 충분히 노후에 대비할 수 없다.

개인연금은 세금혜택 여부에 따라 세제 적격과 비세제 적격 상품으로 구분된다. 세제 적격 연금 상품은 근로소득이 있는 직장인이 소득공제 혜택을 받으면서 노후에 대비할 수 있는 상품이다. 연금상품에 한 번도 가입하지 않은 직장인이라면 우선 세제 적격 연금에 가입하는 것이 좋다.

장점 중 하나는 연간 300만 원까지 소득공제를 받을 수 있다는 점이다. 다만 이 혜택을 누리기 위해선 연금저축 납입기간이 10년 이상이어야 하고, 만 55세 이후부터 연금 형식으로 받아야 한다. 여러 금융회사에 중복 가입할 수 있지만 총액이 분기당 300만 원

(연 1200만 원)을 넘어선 안 된다.

　세제 적격 연금상품에 가입할 때도 연금신탁, 연금보험, 연금투자신탁 중에서 선택해야 한다. 연금신탁은 운용실적에 따라 원리금이 결정되는 실적배당형 상품이다. 보험회사에서 판매하는 연금보험 역시 운용수익에 따라 금리가 결정되지만, 대개 연 2% 수준의 최저보장 금리가 지급된다는 점이 다르다.

　연금신탁과 연금보험을 동시에 가입하는 것도 방법이다. 연금신탁은 매달 최저 1만 원, 연금보험은 최저 10만 원 정도인 만큼 자신의 수입과 여건에 맞춰 적절하게 조절하면 된다. 다만 연금상품을 끝까지(최소 10년 이상) 불입하지 못하고 중도 해지할 경우 불이익이 적지 않다. 그동안의 이자에 대해 20%의 세금(기타 소득세)을 부과 받을 뿐만 아니라 해지가산세로 납입 원금의 2.2%를 물어야 한다.

　연금저축에 너무 많은 돈을 불입했다간 오히려 중도 해지할 가능성이 높아지므로 가급적 소득공제 한도(연 300만 원) 내에서 가입하는 게 바람직하다.

　3~5년간 차곡차곡 돈을 적립하여 목돈을 만들 계획이라면 적립식펀드만한 상품을 찾기 힘들다. 요즘처럼 저금리 상황이라면 더 말할 나위가 없다. 시중금리가 연 6% 이하라면 예·적금 가입에 앞서 적립식펀드를 고려하는 게 순서다.

적립식펀드는 매달 정해진 날짜에 적금식으로 주식(또는 채권)을 매입하여 '코스트 애버리징(Cost-Averaging: 평균 매입비용 절감)' 효과를 극대화할 수 있도록 설계되었다. 즉 주가가 높을 때 적은 수량의 주식을 매입하고 주가가 낮을 때 많은 수량의 주식을 매입하여 평균 매입가격을 낮추는 원리다. 때문에 이 같은 방법으로 주식에 장기(최소 2~3년) 투자할 경우 대개 은행 금리보다 높은 수익을 안정적으로 올릴 수 있다. 가입자가 젊은 나이라면, 보수적인 채권형 적립식펀드보다 공격적인 주식형 적립식펀드를 추천한다.

특히 향후 금리상승을 예상하고 있다면 주식형 펀드의 수익률이 낫다. 채권 수익률이 금리와 반대로 움직이기 때문이다.

적립식펀드에 가입할 때 매달 일정액을 적립하는 방식(적립식)과 한꺼번에 목돈을 넣는 방식(거치식)으로 구분할 수 있다. 적립식은 은행 적금과 비슷하고, 거치식은 은행 예금과 흡사하다. 우리나라와 같이 주식시장이 널뛰기 장세를 보이는 시장에서는 매달 일정액을 적립하는 방식이 낫다.

적립식펀드의 가입액은 최소 매달 10만 원 정도다. 상한선은 없다. 대개 1년 이상 원하는 기간만큼 적립한 다음 매도시점을 자유롭게 선택할 수 있다. 펀드를 담보로 대출받을 수도 있으며 세금우대로 가입할 수 있다.

적립식펀드에 가입하려면 증권사 객장이나 은행 창구의 수익증권 담당 직원을 찾으면 된다. 은행, 증권사 등은 단순 판매 창구다. 펀드의 운용은 별도 자산운용회사가 맡고 있다. 따라서 적립식펀드를 고를 때는 운용사를 잘 선택해야 한다. 그동안 비교적 안정적인 수익률을 올려왔거나 상대적으로 규모가 큰 회사 또는 펀드를 선택하는 게 좋다.

자산운용사의 수익률을 확인할 때는 단기 실적보다 최소 1년 이상 장기 수익률을 확인할 필요가 있다. 자산운용협회 홈페이지(www.amak.or.kr) 등에서 쉽게 확인할 수 있다.

적립식펀드는 수수료가 펀드마다 0.5~3%(적립액 대비)로 차이가 큰 만큼 사전에 확인해야 한다. 선호하는 운용사에 전화하면 어느 은행이나 증권사에서 자기 회사의 상품을 취급하는지 알려준다. 더불어 적립식펀드를 주거래 은행에서 가입하면 신용도가 높아지는 '부수입'도 챙길 수 있다.

적립식펀드는 3년 이상 장기 투자가 기본이지만, 투자기간을 1년 단위로 갱신하는 방법을 활용하는 것도 괜찮다. 계약기간 전에 중도 환매해야 할 경우 환매수수료 부담이 적지 않기 때문이다. 대부분의 펀드가 장기 투자자에게 수수료 할인혜택을 주지 않고 있어 굳이 장기 펀드에 가입할 필요는 없다.

펀드에 가입할 때는 한 종류만 고집하는 것은 좋지 않다. 시장

방어적인 배당형 펀드와 주식 비중이 높은 성장형 펀드, 채권 위주의 채권형 펀드 등으로 나눠 투자하는 것이 안정적인 수익을 낼 수 있는 길이다. 주가가 급등락을 거듭하는 우리나라에서는 이들 펀드가 서로 보완해주는 역할을 할 수 있다. 요즘에는 해외자산에 분산투자하는 적립식펀드도 국내에 많이 소개되어 있다.

적립식펀드의 수익률은 증권 계좌나 인터넷뱅킹 등을 통해 수시로 확인할 수 있다. 물론 종이 통장에 찍혀 나오는 평가 금액을 통해서도 수익률 확인이 가능하다.

마지막으로 장기주택마련저축(또는 펀드)은 현존하는 최고의 절세상품이란 점에서 반드시 가입해야 한다. 만 18세 이상 무주택 세대주이거나 전용면적 85m²(25.7평) 이하 1주택(공시가격 3억 원 이하) 소유자만 가입할 수 있다. 7년 이상 돈을 넣으면 이자소득세(15.4%)가 면제된다. 여기에 납입금액의 40% 범위 안에서 300만 원까지 소득공제도 받을 수 있다. 최대 한도(300만 원)까지 공제받으려면 월 62만 5000원씩 납입하면 된다.

일단 가입하면 가입기간 중 집을 사거나 가구 주가 아닌 상태가 되더라도 비과세 혜택이 지속된다.

적립식펀드 언제 가입할까

적립식펀드를 가입할 때 매달 언제 돈을 넣을 것인지 선택하는 것도 중요하다. 주가가 낮을 때 가입해야 이익이 극대화되는 구조이기 때문이다. 따라서 가입자가 가장 적은 날을 택하는 게 낫다. 가입자가 몰리는 날에는 운용사들이 상대적으로 많은 유통물량을 매입하여 수익률에 악영향을 끼치게 된다.

예컨대 매달 하순(25일 전후)은 피하는 게 좋다. 많은 사람들이 매달 하순을 펀드 납입일로 정하고 있다. 적립식펀드는 정기납입하는 구조이므로 자동이체하는 것이 편리하다. 자동이체하지 않으면 자칫 매입 시기를 놓쳐 주가 급등기에 소외될 수 있다.

추가납입제도를 활용해도 된다. 대부분의 펀드가 중도에 더 많은 주식을 매입할 수 있도록 추가납입을 허용하고 있다. 향후 주가상승이 기대된다면 당분간 매달 적립액을 늘려 잡는 것도 한 방법이다.

모델하우스
뜯어보기

가장 안전하면서 손쉬운 부동산 재테크 방법은 아파트를 신규 분양받는 것이다. 입주 후 매매가격이 분양가 아래로 떨어지는 경우는 드물기 때문이다.

하지만 분양 계약 이전 모델하우스를 모두 둘러보는 게 만만한 일은 아니다. 모델하우스를 들른다 해도 고급 소파와 커튼, 식탁, 가전제품 등의 소품에 현혹되기 쉽다. 냉정하게 살펴보면서 꼼꼼하게 메모해두는 게 좋다. 가급적 사진기를 지참하도록 하자.

모델하우스에 가면 분양받을 아파트에 관한 모든 정보가 있다.

실용적이고 기능적으로 모델하우스 둘러보기

모델하우스에 들르면 가장 먼저 단지 모형을 살펴본다. 1층 중앙에 배치되는 모형은 단지의 입지와 주변 현황을 한눈에 보여준다. 단지 형태와 각 동의 향, 경사도, 출입문의 위치 및 진입여건, 주차시설의 배치 형태, 단지내 커뮤니티 시설의 배치 등을 파악한다.

다음으로 각 평형별 유니트를 둘러본다. 유니트에 진입하기 전 입구에 설치되어 있는 평면도를 뜯어보라. 평면도에는 전용면적과 방 배치 등이 기재되어 있다. 분양면적 대비 전용면적이 얼마나 넓은지 바로 확인할 수 있다.

유니트에 들어섰다면 방 배치를 살펴본다. 99㎡(30평형)대 기준으로 방 배치가 3베이(방-거실-방을 나란히 배치한 구조)라면 가장 기본형인 셈이다. 요즘에는 99㎡(30평형)대에서도 4베이(방-거실-방-방) 또는 4.5베이(방-거실-방-작은방) 구조가 많이 나오는 추세다. 베이 수가 많을수록 환기 및 채광에 유리하다. 또 발코니 면적이 넓어지기 때문에 확장하면 베이 수가 적은 같은 평형의 아파트보다 훨씬 넓게 쓸 수 있다. 아파트 모양이 판상형(직사각형)보다 타워형(둥근 형태)일 때 베이 수가 더 많이 나온다.

신평면 도입으로 가변형 벽체를 사용하는 곳도 적지 않다. 이경우 가족수에 따라 방 개수를 늘리거나 줄일 수 있어 편리하다.

현관에서는 전실이 얼마나 넓은지 확인할 필요가 있다. 전실은 서비스 면적이기 때문에 이곳이 넓으면 '공짜 공간'이 많다는 뜻이다. 전실에는 자전거나 화분 등을 놓아두기 좋다. 다만 전실 밖으로 출입문을 설치하는 것은 엄밀히 말해 불법이다.

현관 인터폰과 전기분전함 등의 위치도 확인해야 할 부분이다. 일반적으로 인터폰의 위치는 현관 손잡이 방향의 문틀 옆 상단이 가장 합리적이다.

거실을 살펴볼 때는 보조 조명의 유무 등 보이지 않는 곳까지 꼼꼼하게 체크해야 한다. 요즘은 안방에 드레스룸을 따로 설치하는 것이 보통이므로 이곳에 천정 매립 형태의 보조 조명시설을 설치하여 분위기를 살려주는 곳이 많다.

주방은 가장 꼼꼼하게 살펴볼 곳이다. 난방온수 조절 밸브의 경우 대부분 씽크대 하부 중앙에 설치되지만, 공간 활용의 효율성이 떨어지는 단점이 있다. 벽면에 노출시키는 대신 가구장 등으로 인테리어 효과를 낸 곳이 좋다.

발코니 확장이 합법화된 후 건설사마다 발코니 트기형 모델을 선보이고 있다. 발코니를 확장하지 않으면 내부가 무척 비좁아진다는 사실을 염두에 두고 살펴봐야 한다.

발코니에 세탁기를 두는 가정이 많은데, 확장할 경우 세탁기를 어디에 놓을지도 미리 생각해놔야 한다. 세탁기를 놓으려면 기본적으로 배수로가 설치되어 있어야 한다.

새 아파트에 청약할 때는 가격이 높더라도 발코니 확장형 모델을 선택하는 게 유리하다.

모델하우스에 들렀을 때 마감재의 색상이나 수준, 질감을 우선 고려해선 안 된다. 실용성과 기능성을 더 따져봐야 한다.

대형 건설사가 짓는다고 평견이나 마감재가 뛰어난 것도 아니다. 다만 대형사들은 브랜드 이미지를 고려하여 입주 시기에 더 나은 사후관리(AS) 서비스를 제공하는 것이 일반적이다.

마이너스 옵션 선택

마이너스 옵션제를 놓고 고민하는 사람들이 많다. 마이너스 옵션제는 내부 마감재와 인테리어 공사 등을 하기 전에 골조 상태로 분양하는 방식이다. 옵션 품목은 도배, 장판, 조명, 싱크대, 붙박이장, 욕조설비 등이다. 마이너스가 아닌 풀옵션(플러스 옵션)을 선택하면 이런 옵션들을 모두 시공해준다.

결론적으로 말해 일반 실수요자들은 마이너스 옵션을 선택하지 않는 게 좋다. 풀옵션을 선택하라는 얘기다. 옵션 품목 중 상당수는 주거생활에 꼭 필요한 것들이다. 소비자들이 일부 마감재를 개별 시공할 경우 건설사가 집단 시공할 때보다 10~20% 비용이 더 들 수밖에 없다.

실제로 인천에서 처음 마이너스 옵션제가 적용됐던 주상복합아파트(132㎡, 평으로는 40평형)를 예로 들어보면, 마이너스 옵션을 선택했을 경우 결국 1000만 원 안팎 손해볼 것으로 추산됐다. 마이너스 옵션 선택으로 당장 '액면 분양가'를 2768만 원 낮출 수 있지만, 추후 같은 품질의 마감재를 개별 설치하면 그 비용만 3000만~4000만 원에 달할 것으로 예측됐기 때문이다. 처음부터 풀옵션을 선택하는 게 마감재 설치비용을 낮추고 조화로은 집 안 분위기를 연출하는 데 유리하다.

따라서 인테리어를 개성 있게 꾸미고 싶어 하는 사람이 아니라면 마이너스 옵션을 선택하지 말고 풀옵션을 선택하는 게 유리하다.

100% 완벽한 입주 준비

아파트 입주를 몇 개월 앞두고 있다면 신경 써야 할 게 한두 가지가 아니다. 자금계획부터 입주점검, 이사 등의 문제까지 미리 준비해야 한다.

입주 전 중도금과 잔금 처리 과정

우선 중도금 및 잔금 선납제도를 충분히 활용할 필요가 있다. 아파트 분양대금은 보통 계약금(분양대금의 20%), 중도금 6회(각 10%), 잔금(20%) 등으로 구성된다. 이 중 중도금과 잔금을 건설사

마지막 중도금을 납부할 때부터 입주 카운트다운이 시작된다.

에 선납할 경우 분양대금을 일부 할인받을 수 있다. 건설사 입장에선 자금을 먼저 회수하는 만큼 고객에게 이자비용만큼의 혜택을 돌려줄 수 있는 것이다. 회사마다 차이가 있지만 추후 내야 할 금액의 6% 이상 깎아주는 것이 보통이다.

건설사에서는 입주하기 한두 달 전 입주자 사전점검에 나선다. 입주 전에 이 시기가 가장 중요하다. 반드시 해당 단지를 직접 둘러봐야 한다. 입주와 관련된 다양한 정보를 접할 수 있는 것도 이때다.

우선 주택담보대출 정보를 구할 수 있다. 은행들은 사전점검 시기에 맞춰 경쟁적으로 주택담보대출 경쟁을 벌이기 마련이다. 각 은행별 대출 금리 수준과 금리의 고정 또는 변동 여부, 근저당권 설정비 부담 여부, 조기상환수수료 부담 여부 등을 꼼꼼히 메모한 다음 가장 유리한 은행을 선택한다.

시중 금리가 상승하고 있다면, 하루라도 빨리 대출서류를 넘겨주는 게 유리하다. 변동 금리이든 고정 금리이든 기준 금리가 계속 바뀌기 때문이다. 소유권 등기 이전 전이라서 주택담보대출이 불가능하리라 여기는 것은 선입견에 불과하다. 은행들은 '입주 자금 대출'이란 명목으로 사실상의 주택담보대출을 취급한다. 종전에 특정 은행으로부터 중도금 대출을 받았더라도 사전점검을 기준으로 중도상환수수료가 면제되는 것이 보통이므로 문제될 것이 없다.

입주 자금 대출은 집단 대출의 성격을 띠고 있어 근저당권설정비와 조기상환수수료 등이 면제되고, 금리가 가장 저렴한 게 특징이다.

이사하기 전에 먼저 해야 할 일들

입주자 사전점검 때는 2인 이상 동행하는 게 좋다. 혼자 방문할 경우 많은 하자를 다 발견하기 어렵다. 새 아파트라 하더라도 보수할 곳이 의외로 적지 않다. 입주 도우미의 안내로 아파트 내부로 들어서면 하자를 꼼꼼하게 메모하고, 사진 촬영까지 해놓아야 추후 비교하기 좋다. 보통 입주자 동호회가 하자보수 사항을 미리 동호회 홈페이지나 카페 등에 공지하기 때문에 이를 참고할 만하다.

사전점검 때 아파트 내부에 들어서면 우선 벽체 균열부터 확인하는 것이 순서다. 비교적 쉽게 눈으로 확인할 수 있다. 각 방마다 돌아다니면서 문과 창문이 잘 여닫히는지 그리고 파손된 부분은 없는지 살핀다. 변기나 욕조의 상태도 확인한다. 간혹 욕실 바닥의 타일이 떨어져나간 경우도 있으므로 유의한다. 거실이나 현관의 마감재에 긁힌 자국은 없는지도 살펴본다.

아파트 분양계약 때 발코니 트기 등 옵션 계약을 하지 않았다면 입주자 사전점검 직후 '구경하는 집'을 몇 곳 들르는 게 좋다. 다만 인테리어업체마다 가격이 제각각이라는 사실을 명심하자.

가장 믿을 수 있으면서 가격이 저렴한 곳을 골라야 하는데, 입주자 동호회에서 추천하는 곳이 제일 낫다. 한꺼번에 여러 명이 계약해 '규모의 경제'가 적용되기 때문이다. 건설사가 추천하는 인테리어업체는 가장 믿을 만하지만 가격이 다소 비싼 편이다.

발코니 확장을 원하지 않는 계약자라 하더라도 외부 섀시 등의 시공은 필수다. 발코니와 주방 등의 외부 섀시를 모두 별도로 시공해야 한다. 66㎡(20평형)대 아파트라 해도 300만 원 안팎에 달한다.

입주할 아파트가 15층 이상 고층에 위치하고 있다면 인테리어 업체가 제시하는 가격보다 10% 더 줘야 한다. 시공 과정에서 고가사다리를 동원해야 하기 때문이다.

입주 전에는 발코니에 탄성칠(코팅)을 해야 한다. 건설사는 기본적으로 발코니 등 벽면에 흰색 페인트칠만 해놓는다. 이 위에 특수 용액을 뿌려 곰팡이가 피지 못하게 만들어야 하는 것이다. 탄성칠을 하면 발코니가 반짝반짝 빛을 내므로 보기에도 좋다. 탄성칠 가격은 3.3㎡(1평)당 1만 원 꼴이다.

발코니 화단도 입주 직전 미리 만들어 놓는 게 바람직하다. 흙(인공 배양토)을 넣고 화초를 심거나 아예 화단 덮개를 씌우는 방법이 있다. 화단 덮개는 가격이 저렴한 방부목으로 많이 씌운다. 다만 아토피가 있는 자녀를 두고 있다면 방부목은 피하는 게 좋다. 방부목 가격은 20만~30만 원 선이다.

이사 직전에는 청소대행업체에 입주 청소를 맡기는 게 깔끔하다. 가격은 3.3㎡(1평)당 5000원 꼴이다. 입주 청소를 시켰다 하더라도 이사 후에는 구석구석 다시 한 번 세척해야 한다.

모든 절차를 거쳐 입주했다면 초기에는 자주 환기를 시켜줘야 한다. 콘크리트 건물의 경우 준공 후 1~2년간 습기를 머금고 있기 때문에 냄새가 지속적으로 나거나 곰팡이가 발생하기 쉽다. 수돗물은 당분간 끓여서 사용해야 한다. 새 배관에 불순물이 남아 있을 우려가 있다.

베이크아웃 어떻게

입주 전후 새집증후군을 가장 빨리 없애는 방법이 있다. 바로 베이크아웃(Bake-Out)이다. 베이크아웃이란 빵을 굽듯이 난방기구를 가동해 집안 전체를 데워 유해물질을 제거하는 방법이다. 베이크아웃을 실시하면 아토피성 피부염과 두통을 일으키는 새집증후군을 최고 71%까지 감소시킬 수 있다.

그렇다면 베이크아웃을 어떻게 하는 것이 가장 효과적일까. 먼저 외부와 통하는 집안의 모든 창문과 문을 닫는다. 거실장 등 실내 수납가구의 문과 서랍장을 연다. 표면 보호를 위한 합판이나 골판지 등이 설치되어 있을 경우 이를 제거한다. 난방시스템을 가동시켜 첫날은 온도를 23~25도로 10시간 정도 유지한다. 외부로 통하는 모든 문과 창문을 열어 1~2시간가량 환기시킨다.

둘째 날부터 온도를 조금 더 높여 28~30도를 유지한다. 매일 10시간씩 가열했다가 1~2시간 환기시키는 절차를 반복한다. 이 같은 베이크아웃을 최소 5일간 실시한다.

베이크아웃을 처음 실시할 때는 두통이나 눈, 코, 목 등의 이상과 구토, 어지럼증을 호소할 수 있다. 유해물질 때문인 만큼 충분한 환기가 중요하다. 노약자나 임산부는 환기 전후 출입하지 않는 게 좋다. 첫날에 난방 온도를 최고 25도 정도로만 유지시켜야 하는 이유는 가구나 마루, 벽지의 뒤틀림을 막기 위해서다.

베이크아웃을 매일 실시하기 어렵다면 난방을 3일 정도 유지했다가 5~6시간 환기시키는 것도 방법이다. 환기시킬 때는 선풍기를 동원하는 것이 효과적이다.

세금과 수수료를
아껴라

부동산 중개수수료와 소유권 이전 등기

부동산 매매수수료는 주택의 가격에 따라 차이가 있다. 거래가액
이 6억 원 미만일 경우 0.4~0.6%를 수수료로 지불하도록 되어 있다.

다만 한도가 따로 정해져 있다. 지역별 편차가 있지만 거래가액
이 2억 원 미만이라면 대개 80만 원이 법정 한도이다.

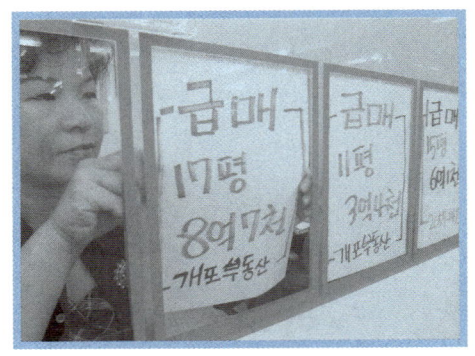

세금과 수수료는 아는 만큼 아낄 수 있다. 잘 모르면 전문가와 상의하는 게 좋다.

◉ 부동산 중개수수료

구분	거래가액	요율	한도액
매 매	5천만 원 미만	0.6%	25만 원
	5천만 원~2억 원 미만	0.5%	80만 원
	2억 원~6억 원 미만	0.4%	한도없음
임대차	2천만 원 미만	0.5%	7만 원
	2천만 원~5천만 원 미만	0.5%	20만 원
	5천만 원~1억 원 미만	0.4%	30만 원
	1억 원~3억 원 미만	0.3%	한도없음
고급 주택	(매매) 6억 원 이상	법정 중개수수료 0.2~0.9% 범위 내에서 중개의뢰인과 중개업자 간 상호계약에 따라 협의 결정	
	(임대차) 3억 원 이상	법정 중개수수료 0.2~0.8% 범위 내에서 중개의뢰인과 중개업자 간 상호계약에 따라 협의 결정	
월세	[보증금 + (월세액×100)] × 임대차 요율		

부동산 중개업소 중에는 규정된 수수료보다 더 많이 청구하는 경우도 있다. 매도자로부터 집값을 깎아주고 매수자에게 더 많은 수수료를 얹는 사례도 적지 않다. 아예 계약서를 쓸 때 법정 수수료만 준비해서 주는 게 나을 수도 있다. 중개업자가 터무니없이 높은 수수료를 요구했다는 점을 뒤늦게 알았다면 시·군·구청 민원실에 가서 영수증을 첨부해 신고하면 돌려받을 수 있다.

부동산 매매계약을 맺었다면 등기를 낼 차례다. 특히 각종 부동산 관련 세금의 부과 기준이 기준시가에서 실거래가로 바뀌었기 때문에 주택 구입에 따른 부담이 크게 늘어났다. 부동산 소유권 이전 절차만이라도 직접 처리한다면 수십만 원에서 수백만 원의 법무사 대리비용을 절약할 수 있다. 한 번 해보면 상속권 이전 등 유사 사례 때도 쉽게 해결할 수 있을 것이다.

대법원 인터넷 등기소(www.iros.go.kr)에 접속하면 준비서류와 세금 계산법 등을 안내해 주므로 유용하다.

소유권 이전 등기 절차를 위해 필요한 서류는 잔금 지급일 이전에 미리 챙겨둬야 한다. 필요한 서류는 토지대장등본, 건축물대장등본, 매수자 주민등록등본, 등기신청서 등이다.

토지대장등본과 건축물대장등본, 매수자 주민등록등본은 전국 동사무소나 구청 등에서 쉽게 발급받을 수 있다. 발급비용은 토지대장등본이 1통에 600원, 건축물대장등본이 1통에 1000원, 주민

등록등본이 1통에 350원씩이다. 등기신청서는 대법원 인터넷 등기소의 자료센터에서 '매매로 인한 소유권 이전'을 선택하여 출력하면 된다.

등기신청서에는 등록세액과 채권매입액 등을 비워둔 채(추후 기입) 부동산 표시, 등기의무자, 등기권리자 등만 기입해둔다. '부동산 표시'의 경우 해당 부동산의 등기부등본 내용을 바탕으로 적으면 된다. 등기신청서 양식에 설명되어 있는 내용을 따라하면 쉽다.

잔금지급일에 매도자로부터 소유권 이전에 필요한 서류를 모두 받는다. 서류는 등기권리증과 매도자의 주민등록초본, 매도자용 인감증명서 등이다.

등기권리증은 등기소에서 교부하는 등기완료 증명서로, 해당 주택의 소유 및 등기와 관련된 문서들이 묶여 있다. 소유권 등기를 이전할 때 꼭 필요한 서류다. 인감증명서의 경우 '부동산 매도용 인감증명서'가 있어야 한다.

계약이 완료되면 중개업자에게 신고필증을 요청한다. 신고필증이란 중개업자가 시·군·구청에 부동산 거래를 신고한 후 해당 기관이 신고 내용을 증명해주는 서류다. 일종의 검인계약서다.

취·등록세 납부와 국민주택채권 매입 절차

신고필증 복사본을 갖고 관할 시·군·구청 세무과에 가서 취득·등록세를 신고하면 된다. 본인이 직접 소유권 등기 이전을 신청했을 경우 각 시·군·구청에서 받은 고지서대로 취득·등록세를 은행에 한 번에 납부해야 한다. 이때 등록세 영수필 확인서 및 통지서는 필수 서류다.

취득·등록세는 실거래가 기준으로 과세된다. 금융기관 등의 웹사이트에서 쉽게 계산해볼 수 있다.

취득세는 거래가액의 1%이며, 농어촌특별세는 취득세액의 10%다. 매매 잔금 납부일로부터 30일 이내에 신고·납부해야 과태료를 물지 않는다. 이 기간을 어기면 20%의 가산세가 추가된다.

등록세는 소유권을 취득할 대 구입 금액의 1%가 부과된다. 교육세는 등록세액의 20%다. 등기를 내기 전까지 등록세와 교육세를 신고하고 납부하면 된다. 기간을 어기면 이 역시 20%의 가산세가 추가된다.

취득세와 등록세를 납부한 뒤에는 국민은행 등 금융기관에서 국민주택채권을 사야 한다. 국민주택채권의 매입 기준은 실거래가가 아닌 '기준시가'다. 간혹 중개업자나 법무사가 채권 매입을 대행해 준다면서 기준을 '실거래가'로 삼아 최고 수백만 원을 가로채는 사례가 있으니 유의해야 한다. 보통 채권을 현장에서 매입하고 곧바로 할인해 매각하는 방식이기 때문에 채권가액보다 훨씬 적은 금액을 지불하면 된다. 할인율은 매일 달라진다.

마지막 순서는 등기 이전 신청서를 마무리하고 필요 서류를 챙겨 관할 등기소에 제출하는 것이다. 등기 신청서와 등록세 영수필확인서(통지서), 매도자용 인감증명서, 매수자 주민등록등본, 매수자 주민등록초본, 토지대장등본, 건축물대장등본, 신고필증 사본, 계약서 원본, 등기권리증(등기필증), 등기수입증지 등이 필요하다.

등기 접수가 끝나고 하루 이틀이 지나면 인터넷 등기소를 통해 소유권 이전 등기가 정상적으로 이루어졌는지 확인할 수 있다. 접수일로부터 3~4일 뒤에는 신분증을 갖고 관할 등기소를 방문해 새로 문서가 정리된 등기권리증을 받을 수 있다.

스스로 소유권 이전 등기를 할 자신이 없거나 시간이 촉박해서 법무사에게 대행을 맡기더라도 채권 매입만큼은 본인이 직접 하는 게 좋다. 과거에는 채권을 매입한 뒤 채권필증을 법무사에게 가져다줘야 했지만, 요즘에는 채권 발급 번호만 통보해주면 되므로 절차도 간소화되었다.

인터넷 등기 대행서비스를 이용해도 비용과 시간을 크게 절약할 수 있다. 선인등기(sd.suninlaw.com) 등의 웹사이트에서 부동산 등기를 낼 경우 빠르고 저렴하게 모든 업무를 처리할 수 있다.

예컨대 5억 원짜리 주택의 소유권 이전 등기를 일반 법무사를 통해 처리하면 80만 원 정도의 보수(공과금 15만 원 포함)를 지급해야 하지만, 인터넷으로 처리하면 30만 원으로 줄어든다. 또 매수자 신분 확인만 이뤄지면 5분 만에 모든 등기 절차가 완료된다. 오프라인으로 서류를 발급받아 처리할 필요가 없기 때문이다. 안정성도 뛰어난 편이다. 부동산 수수료와 세금은 아는 만큼 절약할 수 있다.

자금조달계획서 준비

주택거래신고지역에서 주택을 매입할 때는 자금조달계획서를 해당 시·군·구청에 내야 한다. 더불어 실거래 가격과 입주 여부 등도 신고해야 한다.

다만 전용면적이 60㎡(18평) 이상이고 6억 원을 초과하는 고가 주택을 매입할 경우에만 해당된다. 주택거래신고지역은 동 단위로 지정되기 때문에 매입하기 전 해당 지역의 지정 여부를 먼저 확인하는 것이 순서다. 자금조달계획서에는 아파트를 구입하는 데 들어간 자금출처를 기입해야 한다. 대출금 등 차입금 내역도 포함되어야 한다. 자금조달계획서를 계약일로부터 15일 이내에 제출하지 않으면 취득세의 5배까지 과태료가 부과될 수 있다. 제출된 자금조달계획서는 국세청 등 관계 기관에 송부되어 자금출처 조사 자료로 활용된다.

불황기 성공 재테크,
경매

경매의 장점은 시세보다 싼 값에 부동산을 매입할 수 있다는 것
이다. 특히 부동산 침체기에 우량 물건이 쏟아지는 게 경매의 특
징이다. 악성 물건뿐만 아니라 자금 회전에 문제가 생겨 담보로
잡힌 우량 물건까지 무더기로 경매에 나오기 때문이다. 일반 중개
업소를 통해서는 찾을 수 없던 부동산도 경매 시장에서는 흔하게
볼 수 있다. 경매가 '불황기 재테크' 수단으로 꼽히는 이유는 바로
이 때문이다.

하지만 경매기간이 길고 절차가 복잡하기 때문에 비싼 수업료

경매를 잘만 활용하면 시장가격보다 10% 이상 저렴하게 부동산을 매입할 수 있다.

를 지불하는 사람이 적지 않다. 특히 법원의 현장 분위기에 휩쓸려 무리하게 입찰가격을 써냈다가 오히려 손해 보는 경우도 많다. 낙찰 후 3개월 정도 지난 다음 소유권 이전 등기가 가능하다는 점을 감안해 가격 하락기에는 입찰가격을 보수적으로 써낼 필요가 있다.

경매 투자의 성공은 권리분석과 명도에 달려 있다

경매 투자 성공의 관건은 권리분석이다. 권리분석이란 경매 물건에 설정되어 있는 근저당권, 지상권 등의 물권과 가압류, 압류 등의 채권이 낙찰 후 소멸될 수 있는지 살펴보는 절차이다. 특히 경매 물건은 서류와 실제 내용이 다른 경우가 많기 때문에 더욱 세밀한 분석이 필요하다.

권리분석 과정에서 현장답사와 시세 조사는 필수다. 결국 발품을 얼마나 파느냐에 따라 경매 수익률이 결정된다는 의미이다.

대항력이 있는 세입자가 살고 있는 물건이라고 무조건 기피할 일은 아니다. 오히려 임차인과 합의만 잘 된다면 세입자를 새로 구해야 하는 번거로움과 자금 부담을 덜 수 있다.

낙찰자들이 권리분석만큼 어렵게 생각하는 부분은 바로 명도(집 비우기)이다. 집에 대한 법적 소유권을 얻었더라도 임차인이 비워주지 않으면 온전한 재산권을 행사할 수 없다. 그래서 매수인이 임차인에게 이사비용을 일부 지급하는 것이 관례이다. 106㎡(32평형) 아파트를 기준으로 100만~200만 원의 명도비를 주는 것이 보통이다.

임차인과의 협상이 원만하지 않을 경우 곧바로 인도 명령을 신청하거나 명도 소송을 제기할 수 있다. 다만 최종 명도 때까지 6개월 정도 시간이 걸린다는 점을 감안해야 한다.

토지 경매의 경우 규제 면에서 주택 경매보다 한결 나은 편이다. 토지거래허가구역 내의 토지라 하더라도 경매로 취득할 경우에는 전매금지기간(지목별로 2~5년)의 적용에서 자유롭기 때문이다. 하지만 일단 취득한 후에는 전매 및 토지이용의무 강화, 부재지주 양도세 중과 등 각종 규제로 인해 땅을 되팔기가 쉽지 않다.

재산세 기준은 잔금 납부일

5~6월 새 아파트 입주를 앞두고 있다면 잔금 납부 시기를 놓고 고민해 볼 필요가 있다. 이 시기만 잘 조절해도 수십만 원에서 수백만 원의 보유세를 아낄 수 있다.

우리나라의 보유세(재산세+종합부동산세) 부과기준은 6월 1일을 기준으로 아파트를 소유하고 있느냐에 달려 있다.

새 아파트의 입주 예정자가 6월 1일 이전에 잔금을 모두 납부한다면 실제 소유자로 인정되기 때문에 보유세를 내야 한다. 따라서 잔금 납부기한이 6월 1일 이후로 정해져 있다면 굳이 잔금을 미리 낼 필요가 없다.

다만 납부기한을 넘겨 연체료(보통 연 10% 안팎)까지 물어야 한다면, 연체료와 보유세 수준을 비교할 필요가 있다. 연체료를 적게 내기 위해 6월 1일 이전에 잔금을 10% 정도만 남기고 모두 납부하는 사례도 있는데, 이에 대한 명확한 규정이 없어 논란의 대상이 되고 있다.

재건축 등 조합아파트의 경우에는 잔금을 연체해도 보유세를 내야 한다. 재산세는 과표의 55%(2008년 기준)에 대해 최고

0.5%, 종부세는 과표의 90%(각각 2008년 기준)에 대해 최고 3%
가 부과된다.

경매 투자에 성공하려면

Key Point

- 실거주인지 투자 목적인지 분명해야 한다.
- 권리분석은 경매의 처음이자 마지막이다.
- 유찰이 잦은 물건은 피하는 게 좋다.
- 입찰 전 주변시세를 철저히 파악한다.
- 법원의 현장 분위기에 휩쓸려선 안 된다.
- 낙찰 3개월 후의 가격 변화를 예측한다.
- 세금, 잔금 등 자금계획을 꼼꼼히 따진다.
- 명도를 위해서는 대화와 인내가 가장 중요하다.
- 낙찰 5~6개월 후 이사한다는 마음을 가진다.

부동산 잘 파는 것도
재테크

매도 순서만 잘 따져도 적지 않은 세금을 아낄 수 있다. 예컨대
1가구 2주택 보유자가 아파트를 팔 때는 양도차익이 적은 부동산
부터 먼저 처분하는 것이 절세에 유리하다.

부동산 파는 데도 전략이 필요하다

다주택자는 부동산을 팔기 전에 세대 분리 전략을 적극 구사할
필요가 있다. 종합부동세 기준이 인별 과세에서 세대별 합산과세
로 바뀌면서 모든 세대원이 소유하고 있는 주택가격이 합산 과세

사는 것 못지않게 파는 것도 중요하다. 파는 요령에 따라 수백만 원에서 수천만 원을 아낄 수 있다.

되고 있기 때문이다.

특히 주택을 매도할 때 다주택자로 분류돼 있다면 양도세가 크게 높아진다. 즉 본인과 자녀, 부모가 각각 1채씩 주택을 보유하고 있으면서 주민등록상 같은 집에 거주하고 있을 경우, 1가구 3주택자로 분류되어 주택을 팔 때 60%의 양도세율이 적용된다.

잘 팔리지 않을 때는 시세보다 조금 손해 본다는 생각으로 접근하면 의외로 빨리 팔 수 있다. 집값 하락세가 이어지고 있는데도 제 가격을 받으려다가 자칫 더 큰 손해를 입을 수 있다는 얘기다.

여러 중개업소에 매물로 등록하지 않고 단지에서 가장 돋보이는 한 중개업소에만 일임하는 것도 한 방법이다. 한 중개업소에만 내놓으면 중개업자 입장에서 봤을 때 수수료의 수익이 가장 높으므로 매매 처리에 적극적일 수밖에 없다.

중개업자에게 수수료를 좀 더 얹어주겠다고 약속하는 것도 고려할 만하다. 특히 부동산 침체기에는 수수료를 두 배 주더라도 빨리 처분하는 것이 시간을 끌면서 물건 가격이 떨어지는 것보다 낫다.

평소에 집 내부를 깨끗이 청소해 놓는 자세도 필요하다. 매수자가 집을 둘러보고 좀 더 적극적으로 나설 수 있기 때문이다. 하지만 전세 계약이 아닌 매매 계약이라면 도배나 장판까지 새로 할 필요는 없다. 매수자들은 이런 '주변 효과'를 결정적인 요인으로 여기지 않는다.

집을 팔 때는 무엇보다 급한 마음으로 접근해선 안 된다. 1~2달 안에 팔아야 한다고 생각하면 급매물로 처리할 수밖에 없다. 여유 있게 접근하되, 시장상황을 살펴서 매물이 가장 적을 때 내놓아야 한다.

처분하기 곤란하다면 매도 대신 증여를 하는 것도 한 가지 전략이다. 증여는 부모나 자녀에게 무상으로 재산을 넘겨주는 방식이다. 이를 통해 다주택 보유자는 주택 수와 세 부담을 동시에 줄일 수 있다. 증여를 하면 부동산을 받은 사람이 증여세를 내야 한다. 만약 자녀에게 증여한다면 자녀가 부담해야 하는 증여세액까지 계산해 같이 넘겨줘야 한다.

특히 미래 상승가치가 높은 재산은 서둘러 증여하는 게 유리하다. 부동산 가격이 오르는 만큼 과세기준이 높아져 세 부담이 그

만큼 커지기 때문이다.

증여할 때 배우자는 3억 원, 성인 자녀는 3000만 원, 미성년 자녀는 1500만 원씩 공제를 받을 수 있다. 즉 이를 초과한 부분에 대해서만 세금을 내면 된다. 10년마다 세금을 내지 않고 증여할 수 있기 때문에 자녀 증여의 경우 서두르는 게 낫다. 3~6개월인 신고 기간 내에 상속, 증여를 자진 신고하면 세금의 10%를 공제받는다.

부담부증여도 고려할 만하다. 담보대출이나 전세 반환금을 낀 아파트를 물려주면서 증여계약서에 '피증여인이 증여인의 채무를 떠안는다'는 조건을 다는 방식이다. 채무액만큼 증여세 과표가 줄어드는 효과가 생긴다. 이때는 증여인이 양도소득세를 내야 하지만, 전액 증여할 때보다 세금을 아낄 수 있다.

주택담보대출 어떻게 고르나

대출은 또 다른 재테크다. 주택담보대출에서 가장 중요한 것은 금리다. 가능한 금리가 낮은 상품을 찾아야 한다. 그 다음은 금리 변동 여부다. 보통 변동 금리일 때보다 고정 금리일 때 금리가 높다. 기간 리스크 때문이다. 그러므로 같은 이자가 적용될 경우 고정 금리 상품이 훨씬 유리하다. 이 밖에 △대출기간 △대출한도 △대출금 상환방법 △근저당권설정비 부담 여부 △중도상환수수료 등을 꼼꼼하게 비교해봐야 한다.